University of Southern Denmark Studies in Linguistics ... 4

Den leven...

Nordmændenes Professor Higgins

Arne Juul

Den levende fonograf:

Nordmændenes Professor Higgins

Syddansk Universitetsforlag 2002

Sat af UniSats Aps.
Trykt af Narayana Press, Gylling
Omslag af UniSats Aps.
ISBN 87-7838-671-3
ISSN 1395-7236

RASK Supplement Vol. 13
RASK is an international scholarly journal which publishes articles and reviews pertaining to the field of language and communication. RASK is edited by members of the Institute of Language and Communication at the University of Southern Denmark in collaboration with an international Advisory Board.

Syddansk Universitetsforlag
Campusvej 55
5230 Odense M

Tlf. 6615 7999
Fax. 6615 8126
E-mail: press@forlag.sdu.dk
Internet: www.universitypress.dk

Indhold

Forord 9

1. Kærlighedserklæringen 13

2. Sprogmand og universitetslærer 19

3. Kilder til belysning af Storm 23

4. Korrespondancen med Otto Jespersen,
Vilhelm Thomsen og Henry Sweet 29
4.1 Storms svingende forhold til Jespersen 29
4.2 Thomsen som mellemmand 32
4.3 Personligheden bag brevene fra Storm 36
4.4 Et venskabs ophør: Storm og Sweet 40

5. Storm som inspirator for Jespersen 45

6. Storms hovedværk i engelsk 49
6.1 Et pionerarbejde om »det levende Talesprog« 49
6.2 En »nøiagtig og korrekt Udtale« 57
6.3 »Kritik af de forhaandenværende Hjælpemidler« . . . 65
6.4 »Bibelens simple og ædle Stil« 70

7. Storms universitetspædagogiske tanker 75

8. Storm som foregriber af reformbevægelsen 79

9. Storms egen sproglige kompetence 87

10. Storms lærlinge 91
10.1 Uklare eksamenskrav 91

10.2 Storms vejledning af de studerende 93
10.3 Hjælp fra indfødte lærere 95
10.4 August Western og Hans Edvard Torkildsen 98

11. Storm og fonografen 103

12. Storm og systematikeren Jespersen 111

13. Sammenfatning 115

14. Et kuriøst eksotisk efterspil 121

Henvisninger 125

Noter 143

Personregister 167

Ill. 1. Universitetet i Kristiania ca. 1915. Med venlig tilladelse fra Nationalbiblioteket i Oslo.

Forord

Det var en vinterdag for godt fyrre år siden at jeg første gang stiftede bekendtskab med min hovedperson i denne skildring. Tilfældets høst, kan man sige, for da vi – en gruppe af engelskstuderende ved Københavns Universitet – en time sad midt i nogle stilistiske øvelser som vores højt skattede professor Knud Schibsbye havde arrangeret, var der pludselig problemer. Det var nogle forekomster af præpositionen »in« der gjorde knuder. Her var Schibsbye rigtig i sit es. Han var dybt interesseret i de engelske præpositioner og havde i sin engelske grammatik en omfattende behandling af dem. Som han havde for vane, stillede han os et kort, præcist og svært spørgsmål. Alle tænkte. En lang pause. Det fælles skibbrud mærkedes. »De bør læse Torkildsen«, bemærkede han på sin tørre, lakoniske facon. Vi fik titlen på bogen. Timen var forbi, og vi gik hver til sit.

På hjemvejen faldt jeg i et antikvariat over Torkildsen, der viste sig at være nordmand, og som nu fik en plads på min reol. Hos Torkildsen kunne jeg læse en tak til min hovedperson for den måde han havde hjulpet ham. Den måde takken var skrevet på gav indtryk af at Torkildsens inspirerende vejleder måtte have været et usædvanligt menneske. Bogen var mig til megen glæde, og takket være den fik jeg nu løst præpositionsproblemet. Torkildsen kom tilbage på hylden; andre problemer ventede, og han førte i mange år en tilbagetrukken tilværelse i min reol. Men for en af mine studiefæller blev det en anden sag. Mødet med Torkildsens bog gav stødet til at han senere forfattede en udmærket bog for danske studerende om præpositionerne i engelsk.

Som tiden gik, invaderede nordmænd mine faghylder. Der kom Brynildsens ordbøger (en af dem, hans store norsk-engelske ordbog, var i mange år en fortrinlig hjælp for danske studerende der ikke havde råd til at købe den store dansk-engelske ordbog som kom i 1954). Der kom Larsens ordbøger og andre norske bidrag til anglistikken. Men af en eller anden grund stod Torkildsens bog mig særlig nær. Måske fordi den mindede mig om min gamle professor og mange gode stunder med ham.

Skæbnen ville at jeg en femogtredive år senere igen skulle løbe på Torkildsen og hans vejleder. Denne gang var det i forbindelse med nogle faghistoriske udgivelser. Jeg besluttede mig da til ved en passende lejlighed at se nærmere på Torkildsens inspirator, og det kom der en artikel på dansk ud af. Det er dette arbejde i omarbejdet og udvidet form der her præsenteres. Her har jeg da også undervejs ristet en lille rune over Torkildsen.

På min rejse i selskab med min hovedperson er jeg blevet slået af den rigdom af facetter der var i hans virke. Den vil hensætte mangen en fagspecialist i ydmyghed. Jeg har forsøgt at skildre sider af ham i en norsk-dansk sammenhæng og ud fra de fagområder som jeg har tættest tilknytning til. Det vil sige at jeg ikke går nærmere ind på gebeter som han dyrkede, men som jeg er ukyndig i. Det gælder især hans arbejde med norsk og med romanske sprog. Med denne begrænsning kan mit lille arbejde forhåbentlig være til glæde for læseren.

Til Selskabet for Dansk Skolehistorie, i hvis årbog for 1999 jeg skrev mit forarbejde, vil jeg gerne rette en varm tak for dets venlige tilladelse til at denne bredere version kan udkomme. Også redaktionen af RASK skylder jeg tak fordi den har villet lade arbejdet udkomme i sin serie.

En særlig tak vil jeg rette til Kong Olav V's Fond og til Frederik og Emma Kraghs Mindefond for deres prompte støtte til udgivelsen; endvidere til Det Letterstedtske Selskab, Fondet for Dansk-Norsk Samarbejde, Dronning Margrethe og Prins Henriks Fond og mit kollegium Clare Hall i Cambridge fordi de har skaffet mig arbejdsro ved et par lejligheder, og til Engelsk Institut ved Københavns Universitet for den beredvillighed hvormed det altid har trådt til når der var praktiske problemer der skulle løses. Håndskriftsamlingerne ved Nationalbiblioteket i Oslo, Universitetsbiblioteket i Bergen og Det Kgl. Bibliotek er jeg taknemlig for deres elskværdige bistand og for deres tilladelser til citering fra deres arkivstof. Billedsamlingerne ved disse biblioteker skylder jeg også en særlig tak for deres aldrig svigtende hjælpsomhed, og det samme gælder Syddansk Universitetsforlag, der har bistået mig med vanlig smidighed og effektivitet.

Adskillige fagfæller og venner står jeg i gæld til for deres gode råd og vink. Først og fremmest KAGE-kredsen, der i mange år har mødtes privat for at diskutere engelskfaglige emner; desuden Beverley Collins, Knut L. Espelid, Christian Glenstrup, Ernst Håkon Jahr, Inge Kabell, Andrew R. Linn, Klavs H. Lund, Inger M. Mees, Hans Frede Nielsen, Jørgen Erik Nielsen, Erik Nørr, Graham Pointon, Arthur O. Sandved, Gorm Schou-Rode, Steen Schousboe, Vagn Skovgaard-Petersen, Povl Skårup, Tyge Stavnstrup, Knud Sørensen og Henning Ørum. Jeg bringer dem alle min hjertelige tak.

København i september 2001 — Arne Juul

1. Kærlighedserklæringen

> Den korte Tid, jeg opholdt mig i London, følte jeg mig så besynderlig ensom, skjønt Sproget ingen Vanskelighed gjorde, og Folkene i *Salisbury Hotel, Fleet Street*, vare yderst forekommende, samt de let kjendelige *policemen* altid rede med sine Oplysninger, naar man henvendte sig til dem. Men den engelske Høflighed er kold, den franske varm.[1]

Hvad var det mon der var gået galt for forfatteren af disse linjer? Havde han bare været uheldig at ramle ind i nogle ikke særlig velvillige mennesker, som han så generaliserede ud fra? Var han mon ubekendt med de finere nuancer af engelsk talesprog – med deraf følgende misforståelser? Fejlfortolkede han nogle tonefald? Sagen er lidt sær. Hvad der kan siges med sikkerhed er at vi kan stole på hans ord, at »Sproget ingen Vanskelighed gjorde«: Han var en fortræffelig kender af engelsk.

Forfatteren var nordmanden Johan Fredrik Breda Storm (1836-1920) (*Ill. 2* og *3*). For læsere i Norden er han senest blevet præsenteret i Arthur O. Sandveds dybtgående og såre velskrevne *Fra »kremmersprog« til verdensspråk. Engelsk som universitetsfag i Norge 1850-1943.*[2]

De citerede linjer er fra *De romanske Sprog og Folk* – en rejseindberetning Storm publicerede i 1871 som 35-årig. Han havde været så heldig at få tildelt midler til en halvandet års studierejse. Det var oprindelig meningen at rejsen skulle gå til Tyskland og Italien, hvor han skulle studere de romanske sprog, men han ændrede sine planer. I stedet tog han til England og straks derfra til Frankrig, Italien og Spanien idet et af hans mål var at perfektionere sig i disse landes sprog. Det forekom ham vigtigt, skrev han fra Paris til universitetslæreren Sophus Bugge[3] derhjemme, ikke at gå glip af nogen lejlighed til at studere sprogene blandt dem der talte dem, så at lægge turen om ad Tyskland ville efter hans skøn fordyre rejsen uden tilsvarende udbytte.[4] Portugal havde han egentlig også tænkt sig at besøge, men der kom ting i vejen.

Ill. 2. Johan Storm (1836-1920). Fot.: M. Gleditsch, Kristiania 1895 (se s. 26). Med venlig tilladelse fra Det Kgl. Bibliotek.

Ill. 3. Johan Storm. Fot.: Ludvig Forbech, Kristiania. Udateret.
Med venlig tilladelse fra Det Kgl. Bibliotek.

Hans 132 sider lange rejseberetning emmer af begejstring for den romanske kultur. Hvad den engelske angår, domineres beskrivelsen af hans uheldige erfaringer. Under sit korte møde med englændere i London på udturen finder han en bemærkning fra hotellets »chambermaid« om et rutinemæssigt forhold »isnende«, og da han på hotellet en dag sidder og læser aviser i læseværelset og øver sig »i den engelske Kunst at lade, som om ingen Anden var tilstede«, får han af »en høi, *military-looking gentleman*« at vide »i en iskold Tone« at værelset den aften er reserveret til andet formål, og han må fortrække »fra det kolde Naboskab«.

Men så lysner det. Han øjner Frankrig forude.

Allerede da han i februar 1869 sætter foden ombord på det lille dampskib ved Dover mærker han at han er på fransk grund, for »Folk vare ikke blot høflige, men forekommende«. Den »hidsige, lille korpulente, rødmussede Kaptein var en komplet fransk Typus«, der nok kunne få et raserianfald »naar en syndig Passager fra 2den Plads havde sneget sig ind paa 1ste«, men »der var Solskin i denne Vrede ogsaa, ligesom Stormene ere heftigst under Troperne«.[5] Ganske vist ved han at han taler godt fransk (»Jeg vovede endog at haabe, at jeg skulde lære at tale fuldendt Fransk«), men han skilter ikke med det over for læseren. Han bliver »revet ud af Illusionen« og »kunde heller ikke senere drive det videre, end at man i det Høieste i Begyndelsen ikke mærkede, at jeg var Udlænding«. For eksempel fortæller han om hvordan han en af de sidste dage han var i Frankrig havde en samtale med en bonde i nærheden af Lyon. Da bonden tilsidst havde fået at vide hvor Storm kom fra, bemærkede han at nok kunne Storms accent lyde fremmedartet, men i øvrigt talte han meget godt fransk (»Par son accent Monsieur pourrait bien être étranger; autrement vous parlez très-bien«). »Men«, tilføjer Storm ydmygt, »hvorledes kunde jeg ogsaa vente paa et halvt Aar at kunne gaa for Franskmand?«[6] Igennem den franske filolog Gaston Paris,[7] en af den franske romanistiks grundlæggere, hvis inspirerende foredrag han følger, får han adgang til École des Hautes Études, »hvor unge Videnskabsmænd holdt Øvelser under Professorernes Veiledning«, og »foredrog her nogle smaa Arbeider over romansk Etymologi«.[8]

Han er helt besat af at få mest muligt ud af opholdet: »Det gjaldt for mig at tage Alting med. Paa samme Tid, som jeg studerede Oldfransk, maatte jeg sætte mig saa godt som muligt ind i det levende Sprog og opnaa saavidt muligt Lethed og Færdighed i Udtrykket og Udtalen.«[9] Derfor går han også, så ofte hans begrænsede midler tillader det, hen for at »se det fortrinlige Spil og høre det skjønne, rene Sprog i *Théâtre français*«.[10] Hans betagelse af folket er slående: »Behageligere Folk at omgaaes end Franskmændene findes ikke i hele Verden.«[11] Andres indtryk bortviftes: »Der var flere Nordmænd, som fandt, at Franskmændene ikke gav sig af med Fremmede. Det maa have været fordi de selv vare stive.«[12] Ved slutningen af opholdet tænker han med taknemmelighed tilbage på Gaston Paris: »Hans Foredrag opveiede fuldstændig Fordelene ved at have opholdt mig nogle Maaneder i Tydskland, hvorved jeg vilde have faaet mindre Anledning til at studere de levende romanske Sprog.«[13] Fra Paris rejser han i september 1869 efter korte ophold i St. Étienne og Marseille til Italien.

Også her bader Storm sig i sproget. I intet romansk land, bemærker han, »gaa Dialekterne mere fra hinanden end i Italien; intetsteds staa Modsætningerne skarpere ligeoverfor hinanden.«[14] Hans afsnit om Italiensopholdet er særlig interessant ved de dialektprøver han meddeler, og det vrimler med små iagttagelser om folkelivet og religionen (»Italien er det mindst troende Land i Kristenheden. Jo nærmere Paven, des fjernere Kristus«).[15]

Hvad færdigheden i spansk angår, ser vi at han ved ankomsten til Spanien i marts 1870 ikke har vanskeligheder ved at klare sig sprogligt; han har »flittig Omgang med Indfødte«,[16] er daglig gæst i forskellige hjem, føler sig vel modtaget og træffer bl. a. rektoren for Universitetet i Madrid »og havde med ham en længere interessant samtale«.[17] Også i beretningen om denne del af rejsen er der mangfoldige småiagttagelser om sproget og om hverdagslivet. Før han i sommeren 1870 begynder hjemrejsen, har han f. eks. lejlighed til at overvære tyrefægtninger, der nok til at begynde med fremkalder »Spænding og Uro« hos ham, men derefter »Væmmelse. Et saadant Slagteri kan ikke tiltale Andre end et barbarisk Folk«.[18]

»Skildringer af Naturen, hvorfor jeg har megen Interesse«, erklærer han i forordet at der ikke har været plads til (thi det »som interesserer mig mest i Udlandet, er Menneskene«), men naturen vil han medtage i en eventuel 2. udgave, i hvilken »de sidste Spor af den officielle Indberetning [skulle] forsvinde.« En sådan kom imidlertid aldrig.

Hovedindtrykket af rejsebeskrivelsen er at her er der en entusiastisk og yderst velbevandret sprogmand der indlever sig intenst i dele af de fremmede landes kulturer, og som formår at give læseren et forholdsvis kort, livligt og stærkt personligt præget billede deraf. Som Storm bemærker i forordet, fik han under udarbejdelsen »Lyst til at udtale mig om Et og Andet, som jeg antog kunde have Interesse for et større Publikum«, og resultatet blev en lille perle af en kærlighedserklæring til den romanske verden. Nok har engelsk »de fleste Betingelser for at blive et Universalsprog«, men når han tænker på det franske sprog, især »Prosaen, som er det egentlige Udtryk for Tanken i sin naturlige Form«, gælder det at »Maaske har intet Sprog opnaaet en saa harmonisk og smidig prosaisk Form siden det gamle græske Sprog«.[19] Med hans ord sidst i bogen: »Jeg sætter Engelsk meget høit, men jeg sætter Fransk [...] endnu høiere«.[20]

Men hvem var han egentlig?

2. Sprogmand og universitetslærer

Storm er ikke særlig kendt blandt danske lærere i fremmedsprog. Spørger man f. eks. engelsklærere om deres arv på nordisk grund, nævner de gerne alene Otto Jespersen (1860-1943), der var professor i engelsk (1893-1925) ved Københavns Universitet. Det samme indtryk af et sparsomt kendskab genfindes internationalt. A. P. R. Howatts i øvrigt omfattende bog om engelskundervisningens historie har således fyldige omtaler af Jespersen men strejfer kun Storm med et par linier.[21] Jespersen, der altid synes at have været ret bevidst om sin arv og at have arbejdet for at udbrede kendskabet hertil blandt sine studerende og andre fagfæller, ville givetvis have studset, havde han levet i dag. Storm var nemlig en betydelig inspirator for Jespersen. Dette var ikke noget som Jespersen først blev sig bevidst da han på sine gamle dage satte sig ned for at skrive sine memoirer. Det var tværtimod et forhold som han var fuldt klar over lige fra starten.

Det tilsyneladende ringe kendskab til Storm blandt danskere er beklageligt, og man kommer her uvilkårligt til at tænke på hvad romanisten Gunver Skytte siger i indledningen til sin bog om en af Storms danske fæller i sprogstudiet, Kristian Sandfeld (1873-1942), nemlig at det kan »være berigende at opleve et møde med denne forgænger, at lære mennesket og videnskabsmanden nærmere at kende, og det kan samtidig være en vej til bedre erkendelse af den tradition, man selv er en del af«.[22] Således også med Storm. Hans indflydelse skulle blive international; »rundt om i Europa«, skrev Jespersen i sin nekrolog over Storm, »sidder der mænd der føler sig og fra deres ungdom har følt sig som hans disiple, selvom de måske aldrig har set ham personlig«.[23] Nu kan enhver i Sandveds bog læse den spændende beretning om Norges store navn i studiet af fremmede sprog og om engelskstudiets historie frem til november 1943, da tyskerne lukkede Universitetet i Oslo (tidligere Det Kgl. Frederiks Universitet), indtil da det eneste sted i Norge hvor engelsk dyrkedes på universitetsplan. Ikke uventet vier Sandved betydelig plads til beskrivelsen af Storm –

Norges sprogmand *par excellence*, som med sit engagement i sprogpædagogiske spørgsmål skulle få betydelig indflydelse på sprogundervisningen derhjemme og viden om.

En parallel til hvad der nutildags møder mange midaldrende og ældre danskere, der føler at leve i en tid med stride krav om teknologisk omstilling, kan ses i Norge i midten af forrige århundrede. Som Sandved[24] bemærker, må tiden – med stærk vækst i næringslivet og først og fremmest en betydelig ekspansion i udenrigshandelen – have været oplevet som »en ny tid«, en tid som stillede nye krav,[25] i særdeleshed krav om bedre kundskaber i fremmedsprog. Og, som han videre skriver, når »departementet i 1852 bad skolene overveie å ta inn engelsk som fag i den lærde skole, viser det at departementet har tanker om at denne nye tid stiller nye krav også til skolens innhold«.[26] Det var i et samfund under sådanne omstændigheder, med en læreruddannelse og skoleundervisning i fremmedsprog af kritisabel art, at Storm skulle komme til at virke som en fornyer.

Hans interesse i fremmedsprog gik tilbage til hans tidligste ungdom. Han blev født den 24. november 1836 og var præstesøn fra Lom, hvorfra familien flyttede med faderens følgende embeder i Rendalen (1838) og Lardal i Vestfold (1845). Moderen flyttede efter faderens død i 1850 med sine seks sønner til Kristiania, hvor Johan blev student med udmærkelse i 1855. Allerede i skoletiden, oplyser *Norsk Forfatter-Lexikon*, begyndte han at lægge sig efter engelsk og hebraisk, »men studerede ellers, ved Siden af Sprog, efter Andenexamen[27] (med Udmerkelse) i 1857 et Par Aar Naturvidenskaber, særlig Kemi, og var forøvrigt sterkt optagen af Undervisning[28] dels paa flere Skoler [...], dels privat.«

I 1857, som 21-årig, rejste han et par måneder til Belgien for på egen regning at studere sprog og kultur. To år senere indledte han studiet af klassisk filologi og tog i 1864 filologisk embedseksamen med laud. Derefter finder vi ham som lærer ved forskellige skoler indtil han påbegynder sin lange studierejse (januar 1869), og efter hjemkomsten blev han lærer i engelsk ved Krigsskolen (1870-73).[29] Allerede under opholdet i udlandet blev han imidlertid ansat som universitetsstipendiat »i levende Sprog«, et arbejde han tiltrådte i 1871, da han indledte med forelæsninger over italiensk sprog.

To år efter hjemkomsten ser vi Storm som nyudnævnt professor i romansk *og* engelsk filologi ved universitetet i Kristiania. Dette embede, som han tiltrådte den 1. juli 1873, skulle han beklæde i niogtredive år indtil den 1. september 1912. Han var da næsten 76 år gammel. Han døde otte år senere, den 26. oktober 1920.

Foruden sin fornemme indsats inden for anglistik, romanistik og fremmedsprogspædagogik præsterede han et banebrydende arbejde i norsk dialektologi, hvor han i årene 1880-86 på sommerrejser takket være universitetsstipendier kunne kaste sig over norsk bygdemål. Han blev medlem af Videnskabsselskabet i Kristiania (1872), af Det Kgl. Danske Videnskabernes Selskab (1893) og af en række andre videnskabsselskaber. Endvidere var han fra 1884 æresdoktor ved universitetet i Edinburgh. Et afslag – trods universitetets anbefaling – på en ansøgning han i 1877 sendte til Stortinget om midler til udarbejdelse af et større arbejde om norsk sprog som han havde påbegyndt før sin lange studierejse i udlandet,[30] har formentlig været en traumatisk oplevelse for ham. Måske anede han den skæbne ansøgningen ville få. »Det faar nu gaa, som det kan«, skrev han til en af sine gamle universitetslærere. »Jeg betvivler ikke Muligheden af at [...] Storthinget [...] vil finde det uden Præcedents at understøtte en af Staten lønnet Embedsmand. Ainsi va le monde. Fiat justitia, pereat scientia!«[31] Hvad han skulle erfare kan have bidraget til den nærtagenhed hos ham som vi skal se nogle steder i det foreliggende arbejde. Begivenhederne gav genlyd over Nordsøen idet der i *The Academy* figurerede en notits, usigneret, men formentlig skrevet af den engelske kritiker Edmund Gosse (1849-1928), der i 1872 havde besøgt Norge, og som havde en ret omfattende korrespondance med norske kulturpersonligheder. Her (*Ill. 4*) berettedes om universitetslæreres kår i Norge, og om hvad der vederfaredes Storm.[32]

Storms ansøgning og omstændighederne omkring afslaget er behandlet med stor indlevelsesevne af C. J. Hambro i en velskreven artikel fra 1937. Her funderer Hambro over hvordan det mon var gået hvis Storm havde fået sin bevilling, og han konstaterer at Stortingets holdning betød en gevinst for engelskstudiet i den forstand at afslaget »drev Storm til at koncentrere sig om det verk, som blev hans videnskabelige hovedindsats«.[33]

Dette arbejde skal vi senere se nærmere på, for det var i kraft af bl.a. dettes mange dyder at en af hans elever i sin nekrolog over Storm

THE present state of things at the Norwegian University of Christiania is very instructive to all who take an interest in the great question of University organisation. The professors at Christiania are nearly all very poorly paid, beginning on 200*l.* a year, which rises by small degrees until the happy maximum of about 340*l.* is reached after twenty-seven years of service. When we consider that life at Christiania is almost as dear as in London, the result naturally is that the professors are obliged to take all kinds of outside work, so that unremunerative science and research are neglected. Some of the professors teach at schools, some go about the country lecturing for money (the regular University lectures being free), some are railway-, some bank-directors, while professors of medicine get up a practice on a large scale, &c. Some of them, however, wishing to live and work for science exclusively, but finding it incompatible with the increasing wants of a family, got up a petition two years ago for a general increase of salaries, which was signed by nearly all the professors. But it was feebly supported by the Government, and rejected by the Storthing. The same was the fate of an application by Prof. J. Storm for a grant of 100*l.* for two years in order to enable him to finish a work of national importance on which he was engaged —a History of the Norwegian language. It is this treatment of Norway's best men which has driven so many of them to seek an asylum in foreign countries, or else, as we have seen, practically to give up science altogether. It is almost superfluous to mention that Prof. Storm, especially, enjoys a European reputation as a Romance philologist, and is probably the first living authority on the phonology of these languages. This sordid policy is partly explained by the fact that the leading party in the Storthing are the peasants, many of whom are niggardly misers, who cannot conceive how a man can squander away so vast a sum as 300*l.* a year, measuring the expenditure of town life by their own totally different circumstances. It is certainly better not to endow science at all than to endow it inadequately.

Ill. 4. Notits fra 1877 i The Academy om universitetsforholdene i Kristiania, formentlig skrevet af Edmund Gosse.

i 1920 skrev at »når engang den nyere sprogvidenskaps historie skal skrives, da vil Johan Storm komme til å stå som en av de centrale skikkelser«. Som samme elev koncist – i en blanding af to af Storms kæreste sprog – bemærkede om Storm sammesteds: »Han var en av dem who make history.«[34]

3. Kilder til belysning af Storm

Medens fagmanden Storm lader sig kortlægge – omend med nogen vanskelighed, som det vil fremgå – er sagen, ikke uventet, endnu mere kompliceret når det drejer sig om mennesket. Sent i livet skrev Jespersen en selvbiografi; som motto for den citerede han udsagnet: »An autobiography should show a man at his worst as well as his best.«[35] Storm, derimod, efterlod sig ingen, og om han egentlig overhovedet på noget tidspunkt ønskede at skrive en, ved vi ikke. Havde vi haft en, ville vi – som altid ved selvbiografier – måtte spørge os selv om sandhedsværdien.[36] Der er fakta, men hvordan er de blandet og præsenteret? Hvor meget er efterrationaliseret? Hvor meget er sløret eller fortiet? Hvor mange kontraster er mildnet eller overdrevet? Har forfatteren overeksponeret visse begivenheder i sort-hvidt således at gråtonerne ikke kommer frem? »Man bør, troer jeg,« skriver Johannes Ewald, »være nogenledes kold for at kunne skildre sin Ild.« Men det har sin pris: Hvor meget er glemt i det langtidsperspektiv der gælder for de fleste selvbiografier, skrevet som de er i personens sidste år? Hvad siger ikke Jacob Paludan: »I Livets Skumring hilser vi hinanden som afsminkede Skuespillere ved Teaterporten og husker dunkelt, at der vist før var Lidenskaber forbundet med den og den.«[37]

Imidlertid lå Storm i en omfattende brevveksling med udenlandske kolleger, heriblandt nogle han tillige havde kontakt med under sine besøg i udlandet og gennem de pågældendes besøg i Norge. Med omhu fulgte han Francis Bacons ord: »When a traveller returneth home, let him not leave the countries where he hath travelled altogether behind him; but maintain a correspondence by letters with those of his acquaintance which are of most worth.« I Storms rige korrespondance har vi, som Sandved påpeger, et af flere indicier på at »på fagområdene anglistikk og romanistikk var Det Kgl. Frederiks Universitet i Kristiania i Storms tid så langt fra noe 'provinsuniversitet' at det tvertimot utgjorde et europeisk kraftsentrum innenfor denne delen 'av den nye filologi'«.[38] Men når det drejer sig om en belysning af mennesket, gælder det at også breve – med det øjebliksperspektiv der oftest præger dem – rejser tolkningsspørgsmål. Som kirkehistorikeren P. G. Lindhardt bemærker, er brevskriveren »altid bestemt af sit forhold til modtageren og altid i en bestemt sindsstemning; måske var den ikke særlig typisk for ham, måske skrev han den bort sammen med brevet. Hvornår kan man være sikker på virkelig at finde manden selv i brevet? Vel er det en primær kilde, egnet til at korrigere selvbiografien eller biografien, tit på særdeles slående måde, men problemløst er brevet som kilde langtfra.«[39]

Som vi skal se, var der tidligt en ret nær forbindelse mellem Storm og Jespersen. Denne er afspejlet dels i brevene mellem de to, dels i Storms korrespondance med Vilhelm Thomsen (1842-1927) (se *Ill. 5*), der var docent og senere professor i sammenlignende sprogvidenskab i København og en af de lærere Jespersen følte sig i størst gæld til.[40] Storms forbindelse med Thomsen var af tidlig dato: allerede i Storms rejsebeskrivelse hører vi at i »Februar 1870 tog jeg Afsked med *la bèlla Firènze* og reiste i Følge med min Ven, den bekjendte danske Sprogforsker Vilh. Thomsen [...] til Rom.«[41] En yderligere interessant kilde er korrespondancen mellem Storm og Henry Sweet (1845-1912), en pioner i britisk sprogvidenskab og fremmedsprogspædagogik. Dele af disse brevvekslinger er bevaret i Nationalbiblioteket i Oslo og i Det Kgl. Bibliotek i København. Som helhed gælder det om breve *til* Storm at hovedparten befinder sig i Nationalbiblioteket i Oslo. Visse breve findes i Bergens Universitetsbibliotek.[42] Hvad angår breve *fra* Storm, foreligger der endnu ingen samlet oversigt over hvad der findes i biblioteker uden for Norge.

Det Kgl. Biblioteks samling inkluderer en række breve *fra* Vilhelm Thomsen med et ledsagende brev fra Storms søn, advokat Aage Storm, der i 1921, kort efter faderens død, meddeler en række interessante forhold:

Herr professor dr. Vilh. Thomsen.
Ærede professor!

Da professoren har udtalt ønske om at faa tilbake Deres breve til min far, tillater jeg mig vedlagt at sende Dem et hefte med breve fra 1873-1890, som jeg har fundet i samlingerne. Hvor det er blitt av breve fra de senere aar, vet jeg ikke. Antagelig har de ligget i den personlige korrespondance, som er tilintetgjort. Men jeg skjøn-

Ill. 5. Vilhelm Thomsen (1842-1927), ven af Storm i årtier. Udateret. Med venlig tilladelse fra Det Kgl. Bibliotek.

ner av professorens brev til min mor, at det væsentlig var brevene fra den *tidligere* tid De ønsker – og det haaber jeg heftet indeholder.

Min fars *samlinger* gaar ellers til vort Universitetsbibliothek. Hans bibliothek er solgt til Bergens Museum for 5000 Kroner (ca. 6000 bind!). Vi foretrak dette frem for at bortauktionere bøkene enkeltvis. Rigtignok vilde vel prisen i sisstnævnte tilfælde blitt større, men nu er vi da viss paa, at bøkene forblir samlet og blir behandlet med pietet. Og det er selvsagt for os det vigtigste. Vi prøvet først at faa Universitetet til at overta bibliotheket – til filologisk læseværelse m.v. – men det gik ikke. – Ved Bergens Museum er det meningen at dette bibliothek skal danne kjernen for et fremtidig større fagbibliothek – Museet aspirerer jo til at bli Universitet engang i tiden.

Min mor og jeg sender professoren vore hjerteligste hilsener. Fars hengivenhet og beundring for Dem snakker vi ofte om. Like til det sisste nævnte han Deres navn ofte – da lyste det i hans vakre øine. (Ifjor fik han sat ramme paa et stort og godt billede av professoren – fra et dansk blad – som han vilde ha paa væggen ved sin faste plass i sofaen – Her staar det naturligvis fremdeles). Han saa saa op til Dem! Min mor har ogsaa fremført sin besste hilsen til fru Thomsen.

Deres ærbødige Aage Storm.[43]

Man kan spørge hvorfor Vilhelm Thomsen mon ønskede brevene tilbage. Mere end tredive år tidligere havde Storm skrevet til ham at »Jeg har blandt mine Samlinger ogsaa gjort mig flere Brevsamlinger fra mine Venner. Jeg har alle dine Breve indbunden.«[44] Thomsen kunne næppe kende familiens planer med brevsamlingerne. Man kan formode at han i hensynfuldhed over for Storms allernærmeste har undslået sig for netop på dette tidspunkt at grave i sagen og blot, som en ekstra sikkerhedsforanstaltning, har ønsket personlig at drage omsorg for at i det mindste hans egne breve kunne lande på et sikkert sted, nemlig Det Kgl. Bibliotek.

Til samme sted kom der i øvrigt, som Det Kgl. Bibliotek har oplyst, en gave på »346 fotografiske portrætter fra professorinde Thomsen«,[45] og blandt disse findes fire portrætter af Storm, hvoraf to er særlig interessante ved at vise den yngre Storm. Af disse to (*Ill. 6* og *7*) blev det ene optaget medens Storm på sin lange studierejse opholdt sig i *la bèlla Firènze*.

Ill. 6. Stipendiat J. Storm under sin lange studierejse (s. 17f.). Stabilimento Fotografico, Via Palazzuolo No. 7, Sul canto della Via de Fossi, Firenze.
Med venlig tilladelse fra Det Kgl. Bibliotek.

Ill. 7. Johan Storm i året da han tiltrådte sit professorat (s. 20f.).
Med venlig tilladelse fra Det Kgl. Bibliotek.

4. Korrespondancen med Otto Jespersen, Vilhelm Thomsen og Henry Sweet

4.1 Storms svingende forhold til Jespersen

Medens der var et langt og ubrudt venskab mellem Storm og Thomsen, gjaldt dette ikke forholdet mellem Storm og Jespersen. Som Sandved har bemærket i en artikel om de to,[46] udviklede forbindelsen mellem dem sig langsommere end Jespersen tilsyneladende håbede. Da Jespersen i 1885 spurgte Storm om han ville skrive en anbefaling til hans lille grammatik,[47] meddelte Storm at »jeg af flere Grunde ikke kan indlade mig at ledsage Deres Bog med nogen Anbefaling«. »Hvorfor«, spurgte Storm, »skulle De ikke kunne staa paa egne Ben? Naar De har faaet Bogen forlagt, er jo det værste overstaaet. Skal De endelig have en Anbefaling, var det rimeligere at faa en saadan af en dansk Autoritet.« Storm tilføjede at ved »et flygtigt Blik« havde han fået et godt indtryk af bogen, men »min Tid er desværre overordentlig stærkt optaget«.[48] Selv om Storm skulle leve til 1920, foreligger der ikke efter midten af halvfemserne en egentlig korrespondance mellem de to. Det Kgl. Biblioteks samling af breve til Jespersen rummer kun 23 meddelelser fra Storm; heraf er 14 brevkort eller korte notater. Fra 1891 til 28/10 1894 (det sidste) er der udelukkende brevkort. Mellem 15/6 1885 og 26/3 1888 er der i samlingen mærkværdigvis ingen meddelelser fra Storm, men sådanne må nødvendigvis have foreligget for disse ca. tre år, således som det fremgår af de 11 breve fra Jespersen til Storm i den pågældende periode (7 fra 1886, 3 fra 1887 og 1 fra 1888) der findes i Nationalbiblioteket i Oslo, og som, hvad angår 1886, viser en skarp Jespersen, der er meget utilfreds med at Storm har valgt en anden end ham til arbejdet med at forberede en dansk bearbejdelse af en af Storms lærebøger i fransk.[49] Storm følte sig nødsaget til at udrede misforståelserne i sagen for Frederik V. Hegel på Gyldendal, til hvem han tidligt – i lighed med en række norske skønlitterære forfattere[50] – havde fået et særdeles positivt (se *Ill. 8*) forhold: »Sproglærer Jespersen føler sig krænket ved, at jeg uden at vente paa hans Svar har henvendt mig til en anden,

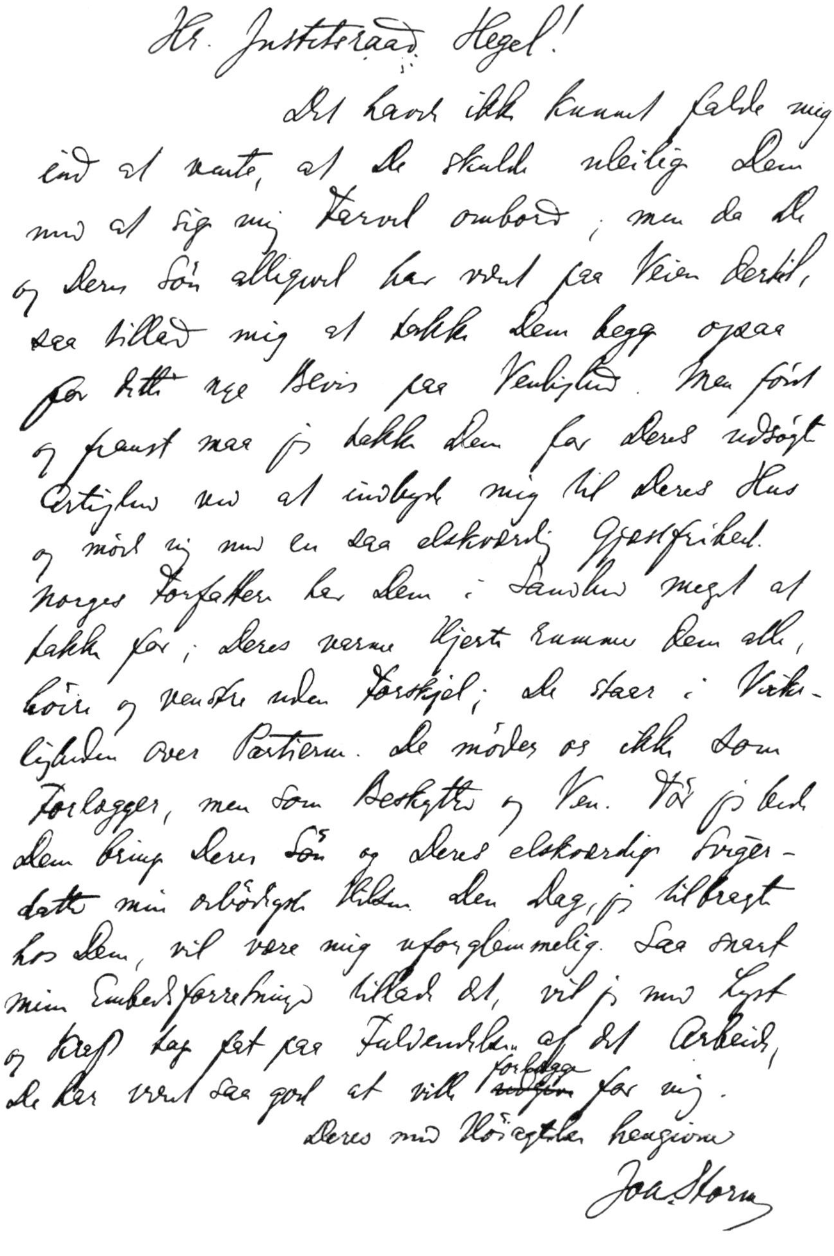

Hr. Justitsraad Hegel!

Det havde ikke kunnet falde mig ind at vente, at De skulde uleilige Dem med at sige mig Farvel ombord; men da De og Deres Sön alligevel har været paa Veien derhid, saa tillad mig at takke Dem begge ogsaa for dette nye Beviis paa Venlighed. Men först og fremst maa jeg takke Dem for Deres udsøgte Artighed ved at indbyde mig til Deres Hus og möde mig med en saa elskværdig Gjestfrihed. Norges Forfattere har Dem i Sandhed meget at takke for; Deres varme Hjerte rummer Dem alle, höire og venstre uden Forskjel; De staar i Virkelighed over Partierne. De mödes os ikke som Forlægger, men som Beskytter og Ven. Vil jeg bede Dem bringe Deres Sön og Deres elskværdige Svigerdatter min ærbödigste Hilsen. Den Dag, jeg tilbragte hos Dem, vil være mig uforglemmelig. Saa snart mine Embedsforretninger tillader det, vil jeg med Lyst og Kraft tage fat paa Fuldendelsen af det Arbeide, De har været saa god at ville forlægge for mig.

Deres med Höiagtelse hengivne

Joh. Storm

Ill. 8. Storms tak (12.9.1885) til Frederik V. Hegel på Gyldendal (s. 29). Med venlig tilladelse fra Det Kgl. Bibliotek.

og vil ikke have mere med Bogen at gjøre; vil heller ikke have Betaling for de to første Ark«. Og han fortsætter:

> Jeg skrev til Jespersen den 4de ds og spurgte ham om han ikke skulle nedstemme sine Fordringer. *Herpaa fik jeg imidlertid intet Svar.* Han forklarer nu, at han har været paa Reise. Men det kunde jo ikke jeg vide. Jeg maatte formode, at han ikke vilde svare. Arbeidet kunde jo heller ikke vente længe. Det var derfor ganske naturligt, at det blev overdraget en anden. Jeg har derfor nu tilskrevet Jespersen, at jeg efter dette beklager at maatte give Afkald paa videre Samarbeide med ham. [...]
>
> Denne Historie med Jespersen har været mig ubehagelig; men det forekommer mig at han selv ved sin Fordringsfuldhed mest er Skyld deri. [...] Hvis Jespersen fra først af havde ladet sig nøie med det almindelige, vilde Sagen have ladet sig ordne uden mindste Vanskelighed.[51]

I 1890 takker Storm i et brev til Jespersen[52] for det tilsendte eksemplar af Jespersens *The articulations of speech sounds represented by means of analphabetic symbols,*[53] der, som Storm her skriver og uddyber, synes ham at være »det betydeligste Arbeide over Fonetik som er udkommet i den senere Tid«. I brevet udtrykker Storm sin misbilligelse på et enkelt punkt: »Deres Tone gjør undertiden et noget flot og overlegent Indtryk f Ex. i Deres Fremstilling af mit Forhold til Bestemmelsen af de franske Nasaler, hvor De gjør Slutninger hvortil De ikke er berettiget.« Han tilføjer:

> Men da dette synes at være den almindelige Tone blandt danske Forskere (med Undtagelse af Vilh. Thomsen), skal jeg ikke videre opholde mig derved.

Af Jespersens svar fremgår det at han i det store og hele synes at have skrevet hvad han skrev af karsken bælg uden tanke på hvad det kunne foranledige af sår. Han svarer:

> [...] Paa grund af den store pris, jeg altid har sat paa Deres dom, gjorde den reprimande, De giver mig for at have udtrykt mig i en »flot og overlegen« tone et stærkt indtryk paa mig; jeg havde ikke ventet den fra Deres side, da De er en af dem, jeg allersidst vilde udtale mig om i en flot og overlegen tone; jeg holder ikke af offentlig at göre mig selv til nar i alle sagkyndiges öjne.[54]

Brevet viser at Jespersen nok er sig bevidst at have talt i en sådan tone et bestemt sted, hvor det dog ikke er Storm der er på tale, og han forklarer omstændigheder heromkring, men – fortsætter han – »det, De giver som exempel paa min forkastelige tone, forekommer mig slet ikke så slemt; De nævner min fremstilling af Deres forhold til bestemmelsen af de franske nasaler«. Jespersen uddyber derefter hvorfor han ikke kan se »noget særligt graverende« i sine bemærkninger herom.

Storm synes at være faldet til ro: I sit svar skriver han: »Hjertelig Tak for Deres venlige Brev, som i høi Grad glædede og interesserede mig. Det forekom mig ved Læsningen af Deres Bog, at De ligeoverfor mig ikke var saa hensynsfuld som f Ex ligeoverfor Wulff [...]. Men det Hele har ikke stort at betyde.« Dette brev fra Storm er i øvrigt påfaldende åbenhjertigt: Han bemærker at han »efter Deres Bog [maa] anse Dem for en Fonetiker af høi Rang, maaske den første blandt de nordiske som jeg kjender. Jeg sætter Dem over Wulff og Western«,[55] og han tilføjer:

> Wulff er overordentlig uklar; der er noget vist »überschwänglich«, sværmerisk, fantastisk ved ham. Følelsen leder ham ofte paa Vildspor. [...] Western er af ganske modsat Natur, very matter-of-fact, men noget snæver; men er en ærlig, sund, fremadstræbende Natur, som altid gjør Fremskridt. [...] Jeg har stor Sympathi for Wulff som Menneske og Ven, men som Fonetiker er han ikke ædruelig nok. Dette maa De betragte som fortrolige Meddelelser og ikke lade komme videre. [...].[56]

4.2 Thomsen som mellemmand

Hvad der for Storm kunne fremtræde som en overlegen holdning hænger givetvis sammen med Jespersens almindelige tendens til at skrive usødet. Paul Christophersen[57] (1911-99), Jespersens nære medarbejder i 30'erne, minder os om hvad Jespersen engang som ung sagde: »I prefer a dry style, where the thoughts stand out sharp and clear and where emotion is allowed to shed no tears.« Var Storm beroliget da han læste Jespersens svar, står det fast at han otte år senere fandt sin danske fagfælle, der i mellemtiden var blevet professor, opblæst. Jespersens imponerende[58] hovedværk i fonetik kom i 1897, og i januar 1898 skriver Storm til Thomsen:

> [...] Jeg er ikke fornøiet med Jespersens Bedømmelse af mig i sin for Resten velskrevne og letlæste Fonetik. Hans Dom er overfladisk og anmassende overlegen i det ene Øieblik, altfor overdrevent rosende i det andet. [...].
>
> Jeg har ikke Lyst eller Tid til at beskjæftige mig mere med J.

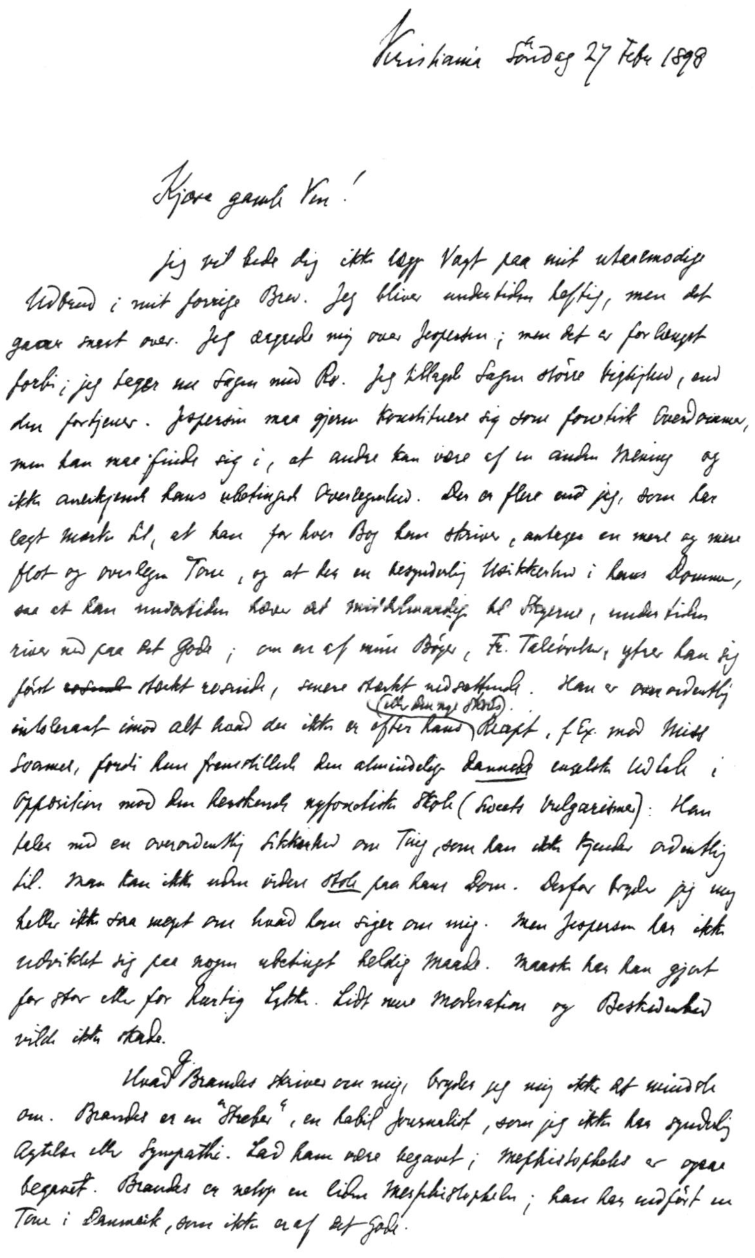

Kristiania Söndag 27 Febr 1898

Kjære gamle Ven!

Jeg vil bede dig ikke lægge Vægt paa mit ubesindige Udbrud i mit forrige Brev. Jeg bliver undertiden heftig, men det gaar snart over. Jeg ærgrede mig over Jespersen; men det er forlængst forbi; jeg tager nu Sagen med Ro. Jeg tillagde Sagen större Vigtighed, end den fortjener. Jespersen maa gjerne konstituere sig som foreløbig Overdommer, men han maa finde sig i, at andre kan være af en anden Mening og ikke anerkjende hans ubetingede Overlegenhed. Der er flere end jeg, som har lagt Mærke til, at han for hver Bog han skriver, antager en mere og mere flot og overlegen Tone, og at der er en besynderlig Usikkerhed i hans Domme, saa at han undertiden hører at [illegible] til Skyerne, undertiden river ned paa det Gode; om en af mine Böger, Fr. Taleövelser, ytrer han sig först ~~[illegible]~~ stærkt rosende, senere stærkt nedsættende. Han er overordentlig intolerant imod alt hvad der ikke er efter hans (eller den nye Skoles) Recept, f. Ex. mod Miss Soames, fordi hun fremstillede den almindelige dannede engelske Udtale i Opposition mod den herskende [illegible] Skole (Sweets Vulgarisme). Han taler med en overordentlig Sikkerhed om Ting, som han ikke kjender ordentlig til. Man kan ikke uden videre stole paa hans Dom. Derfor bryder jeg mig heller ikke saa meget om hvad han siger om mig. Men Jespersen har ikke udviklet sig paa nogen ubetinget heldig Maade. Maaske har han gjort for stor eller for hurtig Lykke. Lidt mere Moderation og Beskedenhed vilde ikke skade.

Hvad G. Brandes skriver om mig, bryder jeg mig ikke det mindste om. Brandes er en "Streber", en habil Journalist, som jeg ikke har synderlig Agtelse eller Sympathi. Lad ham være begavet; Mephistopheles er ogsaa begavet. Brandes er netop en liden Mephistopheles; han har indført en Tone i Danmark, som ikke er af det Gode.

Ill. 9. Uddrag af Storms brev af 27/2 1898 til Vilhelm Thomsen (s. 34). Med venlig tilladelse fra Det Kgl. Bibliotek.

Du er den eneste danske Sprogforsker som jeg fuldtud sympathiserer med og holder af; alle de andre, som jeg kjender, er der noget arrogant eller lapset ved, som ikke tiltaler mig.[59]

Ganske vist skriver han i et følgende brev (*Ill. 9*) at Thomsen ikke skal lægge vægt paa hans »utaalmodige Udbrud« (»Jeg bliver undertiden heftig, men det gaar snart over«), og han tilføjer at »Jeg ærgrede mig over Jespersen; men det er forlængst forbi; jeg tager Sagen med Ro. [...]«. Imidlertid fortsætter han et par linier efter:

Der er flere end jeg, som har lagt Mærke til, at han [Jespersen] for hver Bog han skriver, antager en mere og mere flot og overlegen Tone, og at der en [*sic*] besynderlig Usikkerhed i hans Domme, saa at han undertiden hæver det Middelmaadige til Skyerne, undertiden river ned på det Gode; [...] Han er overordentlig intolerant imod alt hvad der ikke er efter hans (eller den nye Skoles) Recept [...] Han taler med en overordentlig Sikkerhed om Ting, som han ikke kjender ordentlig til. Man kan ikke uden videre *stole* paa hans Dom. Derfor bryder jeg mig heller ikke saa meget om hvad han siger om mig. Men Jespersen har ikke udviklet sig paa nogen ubetinget heldig Maade. Maaske har han gjort for stor eller for hurtig Lykke. Lidt mere Moderation og Beskedenhed vilde ikke skade. [...].[60]

Irritationen hos Storm ser således ud til igen delvis at have hængt sammen med Jespersens ligefremme kritik, som vi senere skal se, af dele af netop Storms arbejde. Hvad der her siges om Jespersen, kan genfindes i andre af Storms breve til Thomsen, der som »beskytter og ven«[61] af Jespersen nærmest må have følt sig som en slags mellemmand mellem Storm og Jespersen. Ved en anden lejlighed er Storms udsagn modificeret, som om han indså at han først havde skrevet sig ud af en øjeblikkelig stemning og nu var kommet på andre tanker:

Jeg angrer paa at jeg har plaget dig med mine smaa Sorger angående [...] Jespersen. [...] Jespersen har skrevet mig et Par *meget elskværdige* Breve til, som jeg endnu ikke svaret paa. Jeg tror virkelig han har nogen Godhed for mig og er nu ganske formildet, uden dog at være enig i et og alt.[62]

Storm havde nok mødt Jespersen personlig, men det er uklart hvor mange gange; tre år tidligere, i sommeren 1895, havde han haft besøg af Jespersen da denne i Kristiania indledte sin lange cykeltur i Norge.[63]

I Storms breve til Thomsen ser vi ikke sjældent hans følelse af at

Thomsen er for længe om at skrive til ham. Den overbebyrdede og nu og da sygdomsplagede Thomsen må da forklare Storm grundene til sin sendrægtighed. F. eks. skriver Thomsen i 1878: »du må endelig ikke paa nogen måde tro at jeg har glemt gamle venner eller er blevet kølig i mit venskab til dig. Men sådan er jeg; jeg har det med raptuser hvad brevskrivning angår; der kan gå halve og hele år, hvor det at skrive breve er noget jeg ikke kan overvinde mig til«,[64] og ved en anden lejlighed karakteriserer Thomsen sig selv som en brevskriver der er »den uforbederligste slubbert der kan gå på guds grønne jord«.[65]

Foruden at vidne om en vis sårbarhed hos Storm giver korrespondancen med Thomsen et aldeles medrivende indtryk af deres venskab, Storms menneskelige varme og trofasthed og hans omsorg for Thomsen. Den bekymrede utålmodighed ses f. eks. her:

[...] Men jeg længes fremdeles meget efter at høre hvorledes du har det. Jeg har næsten ikke hørt fra dig siden du blev Professor. Har dette ikke medført nogen Lettelse for dig, saa at du ikke længer behøver at plage dig med »uncongenial drudgery« som Examen og lignende? Hvorledes er det med Nerver, Appetit og Søvn? Har du en af dine slemme Perioder igjen? Jeg har været lidt bange for at det var saa, siden jeg ikke hørte fra dig. Men jeg har talt med andre fælles Venner, som mente at du havde det godt. Hvorledes har du det saa? Hvis du føler en *aldeles uovervindelig* Ulyst til at skrive, saa skal jeg nøie mig med et Brevkort.

[...]

Skriv snart! Venlig Hilsen til din Frue

Din heng. Joh. Storm.[66]

Lejlighedsvis følger der som her gode råd med på vejen:

Kjære gamle Ven!

Hjertelig Tak for dit overordentlig kjærkomne Brev som jeg øieblikkelig besvarer baade for at udtrykke min Glæde over din Venlighed og min Sorg over at du har lidt saa meget af Sygelighed. Jeg kan virkelig nu ikke længer forundre mig over at du ikke skrev, men paa den anden Side vil jeg bede dig en anden Gang dog unde mig nogle Linjer naar jeg spørger efter dit Befindende, blot for at lade mig vide hvorledes du har det. Hvor lykkelig jeg maa prise mig som har en saa relativ god Helbred. Den Smule Mavekatarrh og Rheumatisme som jeg lider af, gjør mig næsten ingen Uleilighed, naar jeg er forsigtig, hvilket jeg næsten altid er. Jeg vasker mig med koldt Vand, gymnasticerer og masserer eller banker mig selv, og spadserer c. 2 Timer hver Dag, deri iberegnet min obligate Tur »til Byen« og Universitetet hver Dag; jeg bor 25 Minuters Gang fra Univ. og Sporvogn kan ikke med Fordel benyttes. Det skulde meget undre mig om ikke et lignende Régime ogsaa vilde være gavnligt for dig. [...]

Gid nu du kjære Ven snart ganske maatte gjenvinde din Helbred. Vær ikke alene forsigtig, hvad jeg ikke tvivler paa at du er, men prøv ogsaa paa ved kraftig Motion og Gymnastik at vinde et Fond af Kræfter som kan være noget at tære paa. Du har ingen Idé om, hvor en saadan Levemaade styrker og forfrisker.

[....]

Gid du nu maa være frisk og have det godt. Venlig Hilsen til din Frue og dig selv.

Din heng. Johan Storm.[67]

Et brev som det følgende viser hvorledes den foruroligede Storm har følt trang til at åbne sig om sin mistillid til den menneskelige natur (man kunne spørge om det er afslaget på ansøgningen fra 1877 (se ovenfor s. 21f.) der her spiller ind):

Kjære trofaste Ven!

Efter at have læst dit kjære Brev er jeg nu lykkelig igjen; jeg var ganske ulykkelig over ikke at høre fra dig, og indbildte mig de forfærdeligste Ting, snart at du var farlig syg, snart at nogen havde sværtet mig paa en eller anden Maade for dig; da jeg i den senere Tid har erhvervet mig en del Uvenner og ser, at saa meget bliver ilde optaget, begyndte jeg at tænke paa, om jeg paa en aller anden Maade havde gjort dig noget imod; jeg har ikke længer den ubetingede Tillid til Menneskene som før, men dig vilde jeg dog i det længste tro paa. Du har maaske mange gode Venner, men jeg tør sige, at du har ingen, hvem dit Ve og Vel ligger *nærmere* paa Hjerte, ingen, hvem dit Venskab er mere *magtpaaliggende,* og som tager sig mere nær af tilsyneladende Kulde. Jeg forstaar saa godt alt hvad du siger om Uoplagthed og Utilbøielighed til at skrive; jeg glæder mig meget til at faa læse din Forelæsning om Russerne; [...].[68]

4.3 Personligheden bag brevene fra Storm

Man kan, som vi så Lindhardt være inde på (s. 24), diskutere hvor sikker man kan være på i breve at finde hvad han kalder »manden selv«. Paludan grubler over det samme emne i et af sine essays, »Stilens Kunstnere«, hvor han bemærker: »Stilen er det inderste Slør, der giver det sande Omrids af den skabende Personlighed. Private Breve og lignende, som ifølge et almindeligt Fejlsyn antages for Kilden til den intimeste Viden, udtrykker [...] ikke Individualiteten. De siger, hvad Skribenten er, i banal Forstand. Men en Personlighed bestaar af hvad den er, og dens Stræben. Betragtning af Kunstnere med Udeladelse af deres Kunst er meningsløs; 'Anatole France i Tøfler' er ikke France, kun Tøfler.«[69] Nu taler Paludan imidlertid om personligheden bag en skreven kunstnerisk meddelelse. Hvordan er det når det drejer sig om belysning af videnskabsmanden som personlighed?

I tilfældet Storm er det hverken ønskeligt eller muligt at betragte videnskabsmanden med udeladelse af hans videnskab. Som hos Jespersen, der kaldte sin selvbiografi *En sprogmands levned*, gælder det at manden Storm og hans fag er uadskillige størrelser. Lad mig uddybe dette:

Bent Sunesen finder i sin anmeldelse af den engelske oversættelse af Jespersens selvbiografi at det fængslende ved det beskrevne historiske forløb er »at det får liv og fylde som et eksistentielt anliggende for en enkel og helstøbt person, der i sin ligefremme selvskildring (undertiden selvudlevering) fremstår som et af de mennesker, forankret i det 19. århundredes ethos, som David Riesman rammende har betegnet som 'indrestyrede', i lighed med sådanne af Jespersens egne forbilleder som John Stuart Mill og Herbert Spencer.«[70] Derefter går Sunesen ind på det som Paul Christophersen spekulerer over i sit forord, nemlig om titlen i den engelske oversættelse, *A Linguist's Life*, er adækvat. Christophersen ender med at mene at "linguist", så præcist som det overhovedet er muligt, rammer ordet "sprogmand", der – tilføjer han – uden tvivl blev valgt af Jespersen med velberåd hu fordi dets betydning er mindre specifik end "filolog" og "lingvist".[71] Men, som Sunesen fortsætter, Christophersen lader ane at det ikke er helt dækkende. Med Sunesens ord: »Det kan måske antydes at det der mangler er noget som ligger i elementet 'mand' i 'sprogmand': noget om det hele menneske udover den professionelle, et udsagn om at personlighed og livsprojekt er smeltet sammen, fordi sproget ikke blot er studieobjekt og formidlingsopgave men også æstetisk nydelse, leg og spil, og at spillet er livet værd. Og for den indrestyrede Jespersen er der ingen tvivl om at i den sammensmeltning vejer 'manden', mennesket, mindst lige så meget til som sproget. Nutidige fashionable, poststrukturalistiske idéer om at menneskelig identitet kun består som en 'subjekt-position', der lader sig 'konstruere' af diverse sproglige 'diskurser', ville han have afvist som 'virkelighedsfjerne' (som han siger om andre dengang yndede teorier).«[72]

Når det drejer sig om Storm, er der breve som kun udtrykker hans (med det paludanske udtryk) »Stræben« i den forstand at deres indhold udelukkende, eller helt overvejende, behandler hans tanker om faglige spørgsmål, og der er breve – og det gælder i høj grad mange af dem som han skrev til Thomsen – der i høj grad afspejler, om ikke mennesket, »manden selv«, så dog *sider* af hans individualitet: Storm »i tøfler«, Storm i denne eller hin private situation der befordrer eller, som det ret så ofte er tilfældet, besværliggør hans koncentration om faget. »Tøflerne« er af interesse for videnskabshistorikeren fordi de i forskellig grad indgår i et kompleks af årsager til at videnskabsmandens sysler krones med held eller ender med skibbrud.

Hvad angår Storm i henseende til »manden selv« – hans personlighed, der ligesom hos Jespersen, forekommer det mig, i vidt omfang (med Sunesens ord) er »smeltet sammen med« hans livsopgaver – må man selvsagt sige at vi ikke kan komme videre end til sider deraf eller rettere: hvad der med større eller mindre grad af sandsynlighed forekommer os at være sider deraf. Således forstået: »manden selv« synes her, i lighed med hvad der gælder for enhver anden person, fortidig eller nutidig, kun at foreligge som en omtrentlig sum af fællestræk ved fortolkninger, i sig selv mere eller mindre sikre, af spor af højst forskellig art. Den som måtte skrive en Storm-biografi vil komme på en hård opgave.[73] Jeg nævnte tidligere de usikkerhedsfaktorer der gør sig gældende ved betragtning af en selvbiografi, men sådanne finder vi også hvor biografien er skrevet af et andet menneske. I tilfældet Storm er der ikke blot en både bred og dybtgående faglig indsats at beskrive – med hvad dette indebærer af betydelige krav til fagkyndighed på flere områder (engelsk, romansk og norsk), hvilket i sig selv kan rejse problemer af forskellig art[74] – men der er også en del at undgå under behandlingen af Storms omfattende korrespondance. Hvor meget ender med at blive ikke den biograferede men biografiforfatteren selv? Meget passende citerer John Halperin i sit indlæg i en bog om den litterære biografi hvad Oscar Wilde engang spidst bemærkede: »the only portraits in which one believes are portraits where there is very little of the sitter and a very great deal of the artist.« Biografien rummer begge personer.[75] Foran biografiforfatteren ligger en hob af breve, og når han skal forsøge at få orden på det kaos enhvers liv må være, hvordan sorterer han da? »He selects a letter:

which parts of it should be quoted? The 'good' biographer makes choices which as far as possible are objective rather than propagandistic or self-serving. The 'bad' biographer, knowing that anything can be proved if enough is omitted, quotes from those private papers only what he wishes his readers to see.« Farerne lurer ikke blot ved biografering af nyligt afdøde. Den som tror sig sikker ud fra princippet »The Deader the Better« er det ikke nødvendigvis.[76]

Det er en lignende tanke Lindhardt andetsteds er inde på når han taler om at enhver der går til historien altid medbringer sin egen filosofi, »sin egen *forhåndsforståelse* af tilværelsen«, og med denne ikke fotograferer men maler »med sit eget sinds palet«. Gennem dette ejendommelige »samspil mellem modellen og maleren« opstår der et billede som er »*sandt*« fordi »det ligner den svundne virkelighed, og fordi det er i overensstemmelse med historikerens personlighed«, men »*virkeligt*« er billedet ikke: »al samtidighed mangler«.[77]

Brevene til Thomsen giver et indtryk af Storms brydsomme hverdag med hans utallige gøremål i sin optagethed af at forbedre universitetsstudiet og skoleundervisningen, og de lader ane en mand der til tider – sit imponerende potentiale til trods – føler sig uforløst, overvældet som han er af de krav han stiller til sig selv når det gælder virkeliggørelsen af hans faglige ideer. Brevene er spækket med oplysninger om hans arbejdsdag, boligforhold,[78] problemer med en tysk forlægger, ængstelse for udkommet, ærgrelser over slette copyrightforhold,[79] nedslidningen ved ekstraarbejde (»Madstrævet«)[80] og pensioneringsforholdene, der var yderst usikre; om hans helbred og hans periodevise følelse af indestængthed, mindreværd, overkørthed, nervøsitet og skyhed; om hans kone og børn, om sorger og glæder i hans familieliv og hans tiltagende bekymringer over sin fremadskridende alder (»on n'a plus ses vingt ans«, som han pludselig udbryder midt i det norske som 63-årig i et brev fra 1899).[81] Hvor der er tale om selvbetragtninger eller tilløb dertil, er tonen som her:

> Jeg har aldrig indbildt mig at være noget stort Lys, men jeg har en Evne til at skatte og beundre og elske dem, som jeg anser for at være det – en Evne, som ikke alle er i Besiddelse af, der som jeg væsentlig søger sin Styrke i flittigt og udholdende Arbejde for at finde Sandheden. Uf, dette var en lang og knudret Periode, som jeg vilde omarbeide, hvis det skulde trykkes. [...].[82]

Det er måske passende her at indskyde at den gennemgående holdning af det upætentiøse som gennemsyrer Storms brevveksling med Thomsen også finder udtryk i hans produktion.

Storm fremtræder som en overordentlig beskeden mand allerede i sin rejseindberetning fra 1871. Han ønsker blot at gavne sit samfund og først og fremmest de studerende. Som han siger i slutningen af rejseindberetningen:

> Saaledes kom jeg tilbage til mit kjære Fædreland, hvor jeg søger at dyrke Videnskaben saa godt som de trange Forholde tillade det. Navnlig ligger det mig paa Hjerte at faa nedlagt Resultatet af mine Studier i udførligere Arbeider, som kunde være de Studerende og måske Videnskaben overhoved til Gavn.[83]

4.4 Et venskabs ophør: Storm og Sweet

Korrespondancen med Sweet er ikke mindre interessant. De der har læst Jespersens selvbiografi vil huske Jespersens beretning om et besøg han aflagde hos Sweet på en af sine Englandsrejser, og i særdeleshed hvor excentrisk han fandt Sweet. Med Jespersens ord: »[...] Sweet forstod ikke rigtig at være vært. Hans tavshed kunde til tider virke knugende på mig, når vi i timevis sad sammen i hans værelse«.[84] Storm synes at have lært gradvis at sætte pris på Sweet som menneske (han er »meget elskværdig ved nærmere Bekjendtskab«, bedyrer han i et brev til Thomsen i 1883).[85] De besøger hinanden, og Storms ophold hos Sweet falder tilsyneladende ikke i god jord blandt nogle britiske sprogfolk, upopulær som Sweet af flere grunde er i Oxford. Jespersen bemærker: »mine sprogforskervenner fra tidligere besøg [...] lod [...] mig, uden direkte at sige det, forstå at jeg ikke burde ha taget imod Sweets gæstfrihed; de sa således at det hade gjort dem ondt at Joh. Storm, da han var i Oxford, hade boet hos Sweet: dærved var han ikke kommet i forbindelse med det bedste selskab i Oxford. Sweet hade, navnlig i slutningen av sit liv, ligefrem talent for at rage uklar med andre sprogforskere, så at flere der tidligere hade været gode venner med ham, nu ikke vilde ha det mindste med ham at gøre.«[86]

Brevene fra Sweet (*Ill. 10* og *11*) og hvad der er bevaret i konceptform fra Storms hånd, illustrerer udmærket det langvarige positive personlige forhold mellem de to. Her havde Sweet fundet en sær-

Ill. 10. Henry Sweet (1845-1912), pioner i britisk sprogvidenskab og i lang tid ven med Storm.
Reproduceret fra Jespersen 1938.
Med venlig tilladelse fra Anne Marie Lindahl, Birkerød.

deles selvstændig og aktiv modspiller, og det skulle vise sig at Storm, som han nogle gange besøgte, var et af de meget få mennesker der kunne drive ham ud af det Oxford som han havde sælsomme følelsesmæssige bånd til.[87] I 1883 så han således frem til at medbringe sine fiskestænger og »the necessary tackle and flies« og var fornøjet ved udsigten til at »live well on milk and *flatbröd*«,[88] og i et følgende brev forestillede han sig hvordan han på sine ture med Storm »may settle in one place, so as to fish comfortably, and perhaps learn the dialect.«[89] Storms betydning for Sweet i fremmedsprogspædagogisk sammenhæng kommer klart frem flere steder i Sweets bog fra 1899, *The Practical Study of Languages*, et værk der var mere originalt og omfattende end noget tidligere på feltet, og som i dag er en klassiker.

Tragiske følger af misforståelser for venskaber ser vi som bekendt ikke sjældent i fagverdener: også Storm/Sweet-korrespondancen, der er en guldgrube for anglister, hører brat op mange år før Sweets død i 1912. Forklaringen er efter alt at dømme[90] mestendels åbenlyse og betydelige uoverensstemmelser i deres syn på en britisk fonetiker, Laura Soames (1840-95), der kækt modsagde Sweet på en række punkter, og som Sweet betragtede som en ren amatør og angreb så heftigt at Storm følte sig tvunget til at vælge de rene linjer og forsøge at tale ham til rette (»I persist in thinking your reply to be very bad form. [...] You must let me tell you this as an old friend. I suppose nobody else does.«).[91]

Det er påfaldende at de omtalte brevvekslinger og en række andre af betydning for fremmedsprogsundervisningens historie endnu ikke er udgivet. Det gælder f. eks. den intense korrespondance over et par år (i alt 181 breve) mellem Jespersen og den mand blandt reformpædagogerne »who was the best of them all«, som Sweet bemærkede til Storm,[92] nemlig den unge tyske, alt for tidligt døde, fonetiker Felix Franke (1860-86) – en komplet brevsamling, der findes på Det Kgl. Bibliotek.[93]

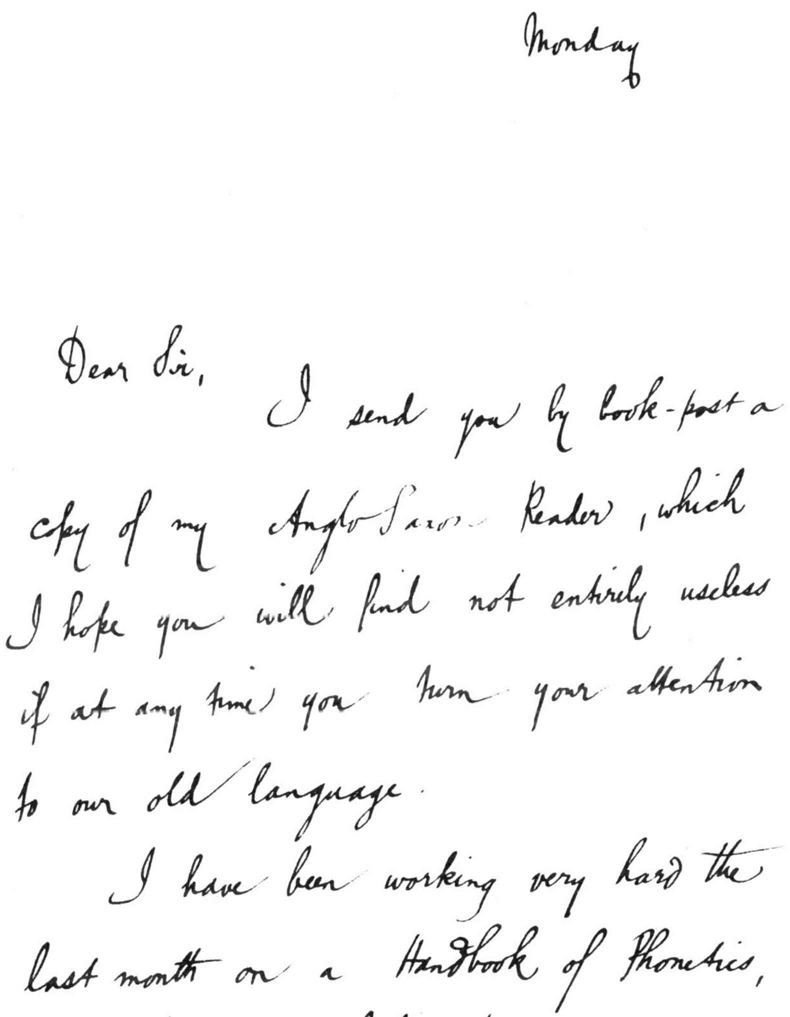

Monday

Dear Sir,
I send you by book-post a copy of my Anglo-Saxon Reader, which I hope you will find not entirely useless if at any time you turn your attention to our old language.
I have been working very hard the last month on a Handbook of Phonetics, which I began chiefly at your suggestion.

Ill. 11. Uddrag af et tidligt brev fra Sweet til Storm medens Sweet forberedte den håndbog i fonetik som Storm havde opfordret ham til at skrive, og som udkom i 1877 (s. 45 og 49). »Dear Sir« afløstes snart af »Dear Storm«. Udateret. Ms. 8° 2402 J/v. Med venlig tilladelse fra Nationalbiblioteket i Oslo.

5. Storm som inspirator for Jespersen

Seks år efter sin udnævnelse udsendte Storm sin bog *Engelsk Filologi. Anvisning til et videnskabeligt Studium af det engelske Sprog for Studerende, Lærere og Viderekomne. I. Det levende Sprog* (1879); et par år senere udkom en tysk[94] udgave, *Englische Philologie* (1881), og en god halv snes år derefter en stærkt udvidet tysk udgave i to bind, *Englische Philologie* (1892-96). Førsteudgaven skulle vise sig at være en ren åbenbaring for den 21-årige Jespersen, der gik og kedede sig i jurastudiet og fandt helse i filologien. Han havde også trøstet sig ved skakspil og publiceret om skak.[95] Nu var han indstillet på at forsage disse glæder så at han kunne gøre sig færdig i hast som jurist og med dette levebrød kaste sig over sprog. Med Jespersens egne ord:

Jeg vilde have juridisk examen i en fart, opgav dærfor mit hidtidige manuduksjonshold, der gik for langsomt frem, og fik min ven og regenskammerat Rievers (også sjakspiller) til at læse med mig alene. Og på den måde gik det løs med forseret læsning et par måneder, indtil jeg (det var visst den første maj 1881) brød ud, solgte mine juridiske bøger og købte et brugt exemplar av Littrés ordbog og andre ordbøger isteden – og glad var jeg! [...] Det var magisterkonferens i fransk med de andre romanske sprog der stod som mit mål, men da jeg slog om, var det for sent at begynde på universitetet i det semester. Jeg læste da på egen hånd hvad jeg kunne tænke mig førte til målet, og var snart så heldig at få fat på Johan Storms et par år tidligere udgivne Engelsk filologi, skønt jeg egentlig ikke hade tænkt at gi mig meget av med engelsk. Men dette (eneste) bind handlede næsten udelukkende om fonetik og viiste mig nødvendigheden av lydlære som grundlaget for ethvert sprogstudium.[96]

Også i sin afskedsforelæsning i 1925 giver han udtryk for sin følelse af at stå i gæld til Storm: Det var Storm som ved tilfældighedernes spil skulle blive Jespersens vejviser til Henry Sweet, hvis fremragende *A Handbook of Phonetics* (1877) blev til på Storms opfordring:[97]

Den [Storms *Engelsk filologi*] overbeviste mig om fonetikkens nødvendighed og anviste mig de bedste bøger til studiet, førte mig bl.a. til Sweets værker. Da disse gik ud fra engelsk, indså jeg at jeg måtte lære dette sprogs lydsystem at kende og tog da efterhånden timer hos 4-5 englændere her i byen og sammenlignede deres udtale med hvad jeg læste hos Storm og Sweet, skønt engelsk ellers lå udenfor min studieplan.[98]

Storm ansporede tidligt Jespersen til at publicere om dansk talesprog, således som det fremgår af deres tidlige korrespondance. I 1884 skriver Jespersen:

> [...] Når De, hr. professor, beklager, at »saa dygtige mænd som Vilh. Thomsen og De« ikke skriver en dansk lydlære for rigssproget og dialekter, så kan jeg ikke nægte, at jeg bliver forundret og smigret ved at nævnes i samme åndedræt som en mand, hvis skotvinge jeg ikke er værdig at løse, men jeg kan tilföje, at jeg for mit vedkommende allerede i nogen tid har samlet på iagttagelser for engang at levere en skildring af mit eget sprogs lyd- og formlære, [...].[99]

Et af resultaterne kom i 1889 med en dansk lydlære.[100]

Storms betydning for Jespersen og for hele reformbevægelsen i fremmedsprogsundervisningen med dens betoning af det levende talesprog som udgangspunkt for skolens sprogundervisning, er noget som også kommer frem hos Jespersen selv som 27-årig (*Ill. 12*). Som Sandved bemærker, skriver Jespersen i et brev af 7/3 1887 til Storm at han betragter Storm og Sweet som »den retnings [reformbevægelsens] naturlige førere, hvortil jeg har sluttet mig«, og Jespersen tilføjer at »uden 'Engelsk filologi' og [Sweets] 'Handbook of Phonetics' vilde bevægelsen ikke existere eller i hvertfald i en anden og rimeligvis langt dårligere skikkelse«.[101] Man spørger uvilkårligt sig selv hvordan mon Jespersens engagement i engelsk ville være blevet hvis han, der »egentlig ikke hade tænkt at gi mig meget av med engelsk«, ikke havde fået Storms bog i hænde.

Selv skulle Jespersen blive en af dem som anglistikkens nestor Randolph Quirk faldt i staver over. Hvad Quirk grundede over var at »it is to linguists in the small countries of western Europe that we must still turn for an analytic knowledge even of our own English language« og at »it seems significant that it is in those countries where second language learning is part of the whole environment that we find a higher than normal proportion of scholars engaged in scientific language study«.[102] De eksempler som Quirk gav på hvordan den kyndige udlænding kunne bidrage på en helt særlig måde i beskrivelsen af engelsk, var hentet fra det grammatiske område. Men der

Ill. 12. Otto Jespersen tre år efter at han havde lært Storm at kende.
Fot.: A. Møller, Østergade 58, København. Marts 1887.
Med venlig tilladelse fra Det Kgl. Bibliotek.

kunne også gives illustrationer fra det fonetiske område. Kikker vi nærmere på Storm, ser vi et godt eksempel på hvordan en skarpsindig udlænding med helt usædvanlige anlæg for fonetiske studier har kunnet berige studiet af engelsk talesprog. Hovedtanken hos Quirk, nemlig at et fremmed øre eller øje kan afsløre hidtil upåagtede forhold, var Storm i øvrigt inde på i et tidligt brev til Jespersen:

> Man tør ikke uden videre overse, hvad *udenlandske* Fonetikere mene. Der kan hos de *indenlandske* meget godt være Samstemmighed i Feil. Det som vi alle trænge er at faa vore egne Iagttagelser *kontrollerede* af fremmede Iagttagere; der er nemlig en Mulighed for, at alle indenlandske Iagttagelser tage feil i visse bestemte Retninger, [...].[103]

6. Storms hovedværk i engelsk

6.1 Et pionerarbejde om "det levende Talesprog"

Vi har set at det var Storm der gav stødet til at Henry Sweet i 1877 publicerede *A Handbook of Phonetics,* og hvorledes denne håndbog i almen fonetik blev inspirationskilde for bl.a. Jespersen. Det er sagt om et af Sweets følgende værker, hans *Elementarbuch des gesprochenen Englisch* (1885), at allerede her behandles fænomener i engelsk udtale der i det følgende århundrede skulle blive genstand for indgående undersøgelser. Som en britisk faghistoriker har udtrykt det, var der her en drøm af en bog for sproglærere hvor engelsk talesprog var beskrevet realistisk, ikke som store dele af den viktorianske mellemklasse kunne have ønsket det skildret. Allerede her kunne man finde en forsøgsvis udredning af meget af det som Sweet betragtede som hidtil enten ignoreret eller utilfredsstillende behandlet, og som senere fonetikere lidenskabeligt skulle fordybe sig i, f. eks. intonation, accentuering, assimilationer (som i /reb mi:t/ *red meat)* og elisioner (som i /træp baɪ/ *trapped by*), ja, endog det såkaldte »intrusive /r/« som i *a vodka or two*, hvor et /r/ kan udtales foran *or,* eller i *China and Japan*, hvor et /r/ kan udtales foran *and.* Kort sagt:

> Here at last was a description of English pronunciation based on what people actually said, not on what people thought they said or on what they thought they ought to be saying.[104]

Det samme ville til en vis grad kunne siges om Storms håndbog i engelsk filologi, i særdeleshed om den sidste store tobindsudgave (1892-96), og en del af forklaringen herpå er klart, således som det da også fremgår af talrige noter, Storms korrespondance med Sweet, der gav en række råd og oplysninger. Især den norske udgave er præget af de praktiske vanskeligheder Storm mødte. Små hundrede af de sidste sider er tillæg og rettelser fordi der under bogens langsommelige trykning var kommet nyt stof til (bl.a. gennem Sweets gennemlæsning af de sider der efterhånden blev trykt), og at der har været to processer i dette afsluttende arbejde fremgår af at der på en side[105] henimod slutningen pludselig begyndes forfra med tillæg og rettelser. Flere af disse tillæg og rettelser har præg af ekskurser (et enkelt er godt femten sider langt), og et sted aner man den bekymrede Storm, der vil have det hele med her og nu, nemlig hvor han skriver: »Isteden for at opsætte mine Bemærkninger om *older* og *elder* til den uvisse Fremtid, vil jeg hellerere strax meddele dem«, og tilføjer et par sider herom.[106] Trods alle de redaktionelle mangler i bogen som Jespersen kritiserede, og som også Sandved påpeger, står tilbage indtrykket af et imponerende værk.

Hvad var det da der greb Jespersen da han slugte Storms *Engelsk Filologi?* Allermest – måske – en fornemmelse af at her var der en fagmand der kunne øse af sit fond af viden i en ukrukket, uforkromet stil. Om Jespersen selv er det koncist og rammende sagt at han »skrev let og gerne«,[107] og sin beherskelse af den lette stil var Jespersen sig bevidst (»'It reads like a novel' er blevet sagt i anmeldelser af flere af mine bøger« – bemærker han i sin selvbiografi[108]). Forfatteren til *Engelsk Filologi* syntes at røbe noget lignende. Nok kunne Jespersen, som vi skal se, finde anledning til at kritisere den måde stoffet var organiseret på, men prosastilen var enkel, ren. Et værdifuldt træk ved bogen for en begynder i engelskstudiet var at den på veloplagt vis, ikke sjældent krydret med muntre bemærkninger og længere ekskurser, gav en oversigt over fagets grundpiller: En solid indføring i vigtige håndbøger og gode vink til læseren om praktiske hjælpemidler, hvor Storm demonstrerer sin fremragende detailviden og sin sikre sans for at fremlægge nye iagttagelser, f. eks. hvor han fortæller om de mulige fremtidige ændringer af diftonger (»*been* kan blive *bane*, det gamle *bane* til *bine*, [...]«) som Sweet har bemærket.[109] Også for den nutidige læser der ønsker at få et overblik over dyder og laster ved de dengang gængse hjælpemidler, er der ofte spændende læsestof. Kort sagt, en nyttig bog i studiet med henblik på den ny »sproglig-historiske Lærerexamen«, der i 1871 var blevet indført i Norge ved »Lov om Embedsexamener for Lærere ved de offentlige Skoler for den høiere Almendannelse«, og som Storm berører i sine indledende bemærkninger. Denne eksamen skulle skaffe lærere der kunne undervise i det realgymnasium der var skabt med skoleloven af 1869, og som betød en styrkelse af bl.a. undervisningen i engelsk. Den indeholdt fire faggrupper, hvoraf en var fransk og engelsk, og dens baggrund er grundigt belyst af Sandved.[110]

Engelsk Filologi har som undertitel *I. Det levende Sprog,* og af Storms bemærkninger i fortalen til bogen fremgår det at den foreliggende »1ste Del af mit Arbeide« efter planen skulle have en fortsættelse der omfattede »Grammatik og Sproghistorie, hvortil jeg har adskillige Forarbeider.«[111] Men fortsættelsen kom aldrig. I stedet kom de tyske udgaver, den første i 1881 og den anden, meget større og i to bind, i 1892-96. Selv den sidste udgave var ukomplet i forhold til Storms oprindelige tanke. Han forestillede sig en fortsættelse hvor ikke blot litteratur- og sproghistorie men også grammatikken blev behandlet, men han var tydeligvis blevet revet med af det fonetiske stof i den grad at det til sidst forekom ham ugørligt at give mere end nogle rids. Hvad det litteraturhistoriske angår, som næppe havde hans store interesse,[112] bemærker han at andre bedre vil kunne levere en fremstilling,[113] og med hensyn til det grammatiske siger han at han hverken kan finde plads eller tid til en skildring heraf. Derfor henviser han blot til »die durch das ganze Buch zerstreuten grammatischen Bemerkungen« og nøjes med nogle bemærkninger om større værker.[114] Medens Storm eksempelvis side efter side diskuterer Jespersens fonetiske synspunkter, får Jespersens disputats om kasussystemet i engelsk kun en god halv side.[115] Vi får et glimt af hans tanker i et brev han skrev til Thomsen i 1894. Arbejdet med det kære fonetiske stof var afsluttet i bind 1, og han sad nu med den betydelige rest af stoffet, der skulle indpasses i bind 2. Det hele synes at virke overvældende på Storm.Tydeligvis befinder han sig bedst ved at kunne grave uforstyrret i et specialområde:

> Arbeidet med den Engl. Philol. tilfredsstiller mig aldrig ganske, fordi det er saa spredt, omfatter saa mange specielle Felter, at jeg ikke kan fordybe mig, som jeg vilde, i noget enkelt. Naar jeg, om alt er vel, til Sommeren eller til Høsten bliver færdig med den, vil jeg tage fat paa Specialafhandlinger, hvortil jeg har adskillige Forarbeider. Jeg har efterhaanden faaet smukke Samlinger til det engelske Sprogs Historie i de sidste Aarhundreder, som jeg agter at gjøre noget mere ordentligt ud af, end det kan ske i et Oversigtsarbeide som Engl. Phil.[116]

I det hele taget må arbejdet med den store tyske udgave have indebåret kraftanstrengelser hos Storm. I 1896 skriver han til Thomsen:

> Tiltrods for at jeg ligesom maatte *stjæle* mig til at anlægge og udføre mine Samlinger – jeg maatte f. Ex. foruden hvad der er nævnt i Fortalen anlægge et helt Forfatterlexikon, særegne grammatiske og leksikalske Samlinger for 19de og 18de Aarh., egne Samlinger for Shakespeare osv. – saa holdt mit Helbred og mit Mod godt ud, og kun dette at Vorherre har skjænket mig gode Kræfter, er det at tilskrive, at trods Hastværk Resultatet ikke er blevet saa rent daarligt endda. Jeg maatte ligesom *tvinge* mig til at tage det hele med »knusende« Ro (som det heder paa Nynorsk).[117]

Det mest karakteristiske træk ved *Engelsk Filologi* er den vægt der lægges på beskrivelsen af moderne engelsk, ikke mindst talesproget, herunder også »vulgærsproget«.[118] Man bemærker hvor omhyggelig Storm er med dokumentationen i sit righoldige eksempelmateriale, således for »vulgærsprogets« vedkommende med de talrige citater fra romaner af Dickens (også dem der viser hvordan »den ellers så korrekte Mr. Pickwick i noget omtaaget Tilstand ikke formaar at holde fast paa Grammatikken«).[119] Derved kan læseren sættes istand til at læse eksemplet »i dets Sammenhæng og kontrollere Citatets Rigtighed og Anvendelighed paa det foreliggende Tilfælde«.[120] Et videnskabeligt sprogstudium, siger Storm i indledningen, består ikke »blot i Sproghistorie, men ogsaa i et systematisk og grundigt Kjendskab til det nuværende Sprog; for at kunne forklare Fænomenerne maa man først og fremst kjende Fænomenerne selv«. Dette, siger han videre, »er noget som ofte mangler hos nyere Forskere, der stirre sig blind paa Middelalderen og tabe Nutiden af Syne«, og han fortsætter:

> Mange lærde Tydskere ere grundige Kjendere af ældre Engelsk og Gammelfransk, men tale de nyere Sprog paa en stymperaktig Maade.[121]

Han finder det afgørende at man i Skolen »helt nedenfra har dygtige Lærere i Sprog«, idet det netop i starten af undervisningen er vigtigt at få en ordentlig udtale (»det første Aar er bestemmende for de følgende«), og anviser måder hvorpå studerende kan erhverve den fornødne sprogfærdighed. Her er »et kort Ophold i Udlandet« mest fordelagtigt, og det er bemærkelsesværdigt at han i den forbindelse efterlyser »nogle Reisestipendier for Studerende«. Kan man ikke komme til udlandet, anbefaler han at søge undervisning hos »praktiske, helst indfødte Sproglærere« eller (bedst) at »faa Omgang med dannede Udlændinge. [...] Ved en saadan gjennem lang Tid fortsat Omgang kan man ofte opnaa en større Fortrolighed med Sproget end ved et kortere Ophold i Udlandet.«[122] Kan man heller ikke dette, er der ingen anden mulighed end »med fordoblet Opmærksomhed at følge Universitetslærerens Foredrag og praktiske Øvelser«. Det er værd at bemærke at han tilføjer: »Praktiske Øvelser kan ved Universitetet selvfølgelig kun blive en Bisag. Universitetets Formaal er det videnskabelige, ikke det praktiske«[123] – et udsagn vi senere skal se på.

Storm lægger megen vægt på læsning. Man lærer nemlig »i Regelen faa nye Ord gjennem Øret; men har man iforveien mødt Ordet i Læsningen, og gjenkender det saa i Talen, da fæster det sig let og sikkert i Hukommelsen; først paa denne Maade bliver man Herre over Sprogstoffet.« Derfor må man »læse Bog efter Bog, ikke for flygtigt, men heller ikke alt for ængstelig nøiagtig«, og »gode *Romaner* ere saa langt fra at foragte, at de tværtimod er det bedste Middel til at indføre Læseren dels i det virkelige Talesprog, den daglige Tale, den Sfære eller Del af Sproget, som dreier sig om det virkelige Liv, Hverdagslivet; dels i dette Liv selv og overhovedet hvert Lands eiendommelige Forholde. Ogsaa *Aviser* ere i disse Henseender at anbefale.«[124] Hovedtanken er dermed hvad han i en senere publikation[125] udtrykte således: »Der maa en Fylde af Exempler til for at gjøre Eleven sikker i Behandlingen af Ord og Former. Derfor maa de samme eller lignende Vendinger oftere komme igjen«. Med denne sidste formulering synes Storm at være inde på sider af en pædagogisk teknik der først skulle blive fuldt virkeliggjort et godt stykke ind i det følgende århundrede, hvor den banebrydende (men sidenhen mærkværdigvis ret sparsomt omtalte) danske sprogpædagog og kyndige anglist Aage Salling (1908-80) (*Ill. 13*) betonede nødvendigheden af at »eleverne får lov til at læse en mængde litteratur, hvor det kendte ordforråd kommer igen og igen, og hvor der desuden optræder nye ord, der forstås fra sammenhængen, ved billeder eller forklaringer i tilknytning til teksten«.[126]

Storms tanke, at udstrakt læsning er en vej til fortrolighed med sprogets nuancer, kom i øvrigt frem på bemærkelsesværdig vis små firs år efter fremkomsten af *Engelsk Filologi,* nemlig i 1957, da en

Ill. 13. Aage Salling (1908-80), lektor ved Holte Gymnasium (1934-78), en af Storms arvtagere (s. 53 og 57).
Fot.: Ikke oplyst. Udateret. Privateje.
Med venlig tilladelse fra Kirsten Salling, Holte.

Ill. 14. Paul Christophersen (1911-1999), professor (1954-68) i engelsk ved Universitetet i Oslo (s. 56f.).
Fot.: Arne Juul 1987.

af hans efterfølgere i faget engelsk, Paul Christophersen (*Ill. 14*), holdt sin tiltrædelsesforelæsning ved Universitetet i Oslo. Her, hvor Christophersen – i en redegørelse for hvorledes *språkfølelse* tænkes erhvervet på universitetsniveau – erklærede sig i dyb gæld til Storm,[127] diskuterede han den studerendes arbejde med at indhøste stilistiske erfaringer, og han bemærkede: »I have already shown how an ear for what is good English is acquired mainly through reading, how familiarity with the literary tradition is necessary for a full command of the language. Conversely, a prerequisite to a full appreciation of literary style is a good grasp of the language itself. The literary effect of a word depends not only on its lexical meaning, but even more on its aura of associated ideas. Take the English word *pear* and its Norwegian and Danish equivalent *pære.* Clearly, they are the same word, and in fact they carry the same lexical meaning in the sense that they indicate the same kind of fruit. But here the similarity ends. *Pear* evokes pleasant associations; it suggests something soft and juicy with a rounded, slightly tapering shape. 'Golden pear' is a poetic phrase – playing of course on the well-known nursery rhyme. 'Gylden pære', on the other hand, sounds incongruous and bathetic, for *pære* has vulgar associations; it can be used of horse-droppings or derogatorily of someone's head (his 'onion' or 'upper-story'), or to reinforce unflattering descriptions, as in *pæredum* ('hopelessly dense') or *pærefull* ('dead drunk'), not to mention *pæredansk* ('irritatingly Danish')«.[128]

Det er interessant at Storm i forbindelse med omtalen af skriftlige øvelser nævner den gode ide at man kan »øve sig ved at oversætte fra en norsk eller dansk Oversættelse til Fransk eller Engelsk og senere rette den efter Originalen; eller man kan oversætte Originalen paa Modersmaalet, lade Oversættelsen ligge nogen Tid, derpaa oversætte den tilbage i Originalsproget og saa konferere med Texten«.[129] Ligeledes at han anbefaler fri komposition når man har opnået lidt øvelse i at behandle sproget, f. eks. brevskrivning (i øvrigt en tanke der syv år senere skulle dukke op i Reformbevægelsens program):

> Man er da ikke saa bundet til Udtrykket, men kan vælge de Vendinger, der fremstille sig og ligesom dukke op for En, Reminiscenser fra Læsning; man vil paa denne Maade lettere komme til at udtrykke sig i Sprogets Aand. [130]

Det var hans erfaringer fra sine egne sprogstudier han her i 1879 trak på. En halv snes år senere, i sin artikel om hvordan sprogundervisningen kunne forbedres i den norske skole, forklarede han hvorledes han selv havde »drevet meget lidet paa *stilskrivning* [...] og lærte ikke stort deraf«, hvorimod han ret snart lærte »at skrive taalelig feilfrit engelsk [...] hovedsagelig ved efterligning af gode mønstre, idet jeg skrev breve og lignende smaa frie arbeider«.[131] Storms udmærkede ide levede videre, strejfedes af Jespersen i en tidlig artikel og fandt da også kort udtryk i hans bog om sprogundervisning,[132] men den synes ikke i Danmark i de følgende årtier at være blevet ført ud i skolepraksis i udpræget grad. Det skulle blive Salling (jf. ovenfor) der på dansk grund gjorde den til sin hjertesag – et anliggende han også kom til Norge med.[133]

Den norske og de to senere tyske udgaver af Storms hovedværk er behandlet af Sandved. Jeg vil derfor her kun skitsere nogle punkter jeg finder af særlig interesse.

6.2 En »nøiagtig og korrekt Udtale«

En meget stor del af *Engelsk Filologi* drejer sig som nævnt om udtale, flere steder med udblik til andre sprog. Selv om Storm var yderst kyndig i den engelske intonation og – som vi senere skal se – på et tidligt tidspunkt nærede en for sin tid påfaldende interesse for intonationsforhold overhovedet, får dette emne ikke nogen særlig behandling. Han erklærer rent ud at kravene her ikke kan være så strikse som dem han stiller til gengivelsen af de enkelte lyd:

> Til grundigt Kjendskab af det levende Talesprog hører en nøiagtig og korrekt *Udtale* navnlig af de enkelte Lyd, forbundet med en rigtig Accentuation (at man lægger *Eftertrykket* paa den rigtige Stavelse); hvad derimod det egentlige *Tonefald* eller Sprogets musikalske Element, Stemmens Modulation, angaar, kan man hertil ikke stille saa store Fordringer; det lykkes kun yderst faa fuldstændig at tilegne sig et fremmed Sprogs »Accent« (som det ogsaa i denne Betydning kaldes), uden man enten har lært det fra Barnsben af, eller opholdt sig mange Aar i Udlandet med delvist Tab af sin Nationalitet. Det engelske Tonefald ligger os dog temmelig nær, og deraf kan man med gode Anlæg opnaa en respektabel Efterligning; det franske ligger os endog fjernere end andre romanske Hovedsprogs som Italiensk og Spansk; hele den franske Maade at føre Ordene frem paa, baade Accentuation og Modula-

tion, er vor ganske modsat. Men ved Anlæg, Opmærksomhed og Øvelse kan ogsaa her meget udrettes.[134]

Dette må ses i sammenhæng med at engelsk intonation ikke dengang var genstand for omfattende studier. I 1877 bemærkede Sweet at »the whole relation of tone to language has as yet been imperfectly studied«.[135] Nok var der enkelte arbejder på området i 1700- og 1800-tallet, men det er først med Sweet i 1885 at vi får en egentlig behandling. Som vi skal se, kaster Storm sig imidlertid senere, i den tyske udgave fra 1892-96, ud i fine beskrivelser af intonationen i en række sprog. Selv om Storm efter alt at dømme så det som sit personlige mål fuldtud at beherske ikke blot lyd- men også intonationssystemet i det fremmede sprog, var han tydeligvis realistisk i sine forventninger til hvor langt hans studerende i almindelighed kunne nå. Ikke desto mindre er det et spørgsmål om Storm ville være helt enig med sin senere danske fagfælle i romansk, Holger Sten (1907-71): Ikke uden lune bemærkede Sten engang at en gal udtale sjældent ville have så katastrofale konsekvenser som dem Bibelen beretter om i Dommernes Bog,[136] og at en komplet fejlfri sprogbeherskelse kun ville være af interesse for spioner.[137] På den anden side gik munterheden hos Sten ikke så vidt som hos den kætterske forfatter Bernard Shaw, der på en grammofonplade fra tiden op imod 1930 anbefalede udlændingen at lave mange fejl: »No foreigner can ever stress the syllables and make the voice rise and fall in question and answer, assertion or denial, in refusal and consent, in enquiry or information, exactly as a native does. Therefore, the first thing you have to do is to speak with a strong foreign accent, and speak broken English: that is, English without any grammar. Then every English person to whom you speak will at once know that you are a foreigner, and try to understand you and be ready to help you.«[138] Sten så det således i sin franske fonetik som sin opgave at beskrive »les éléments qu'il nous semble indispensable de connaître *pour ne pas trop choquer une oreille française.*«[139] Storms principielle holdning kan vi kun forsøge at slutte os til: At dømme alene af den betydelige opmærksomhed som han i sit værk vier selv de mindste detaljer, ville han formentlig have ment at selv om idealtilstanden meget sjældent ville nås, ville det ikke, når det drejer sig om sproglærerens egen kompetence, kunne gå an at stræbe mod noget mindre end idealet. Antagelig ville han have sluttet sig til hvad David Crystal og Derek Davy senere skulle erklære og uddybe, nemlig at »Ideally, the competent foreigner should be able to deal with the same range of linguistic variation as the native speaker. Approximation to this ideal will of course depend on a variety of factors, of which motivation is perhaps the most important; but there is little point, it seems to us, to set our language learning sights any lower than equivalence with the native speaker«.[140] Ud fra en sådan betragtning, der ikke er problemløs,[141] kan man sige at det er helt i Storms ånd at der i en fonetisk lærebog for hollandske engelskstuderende er medtaget stof om et så avanceret og delvis uopdyrket emne som stemmekvalitet i kontrastiv belysning.[142]

Det er således de engelske lyd i højere grad end intonation der præsenteres. Western bemærker at Storms »store kunnskapsmasse kom liksom veltende inn på ham, således at han på en måte ikke fikk fred før alt som var å si om de enkelte lyd var sagt. [...] Har han først tatt op en lyd til behandling, slipper han den ikke før han har forfulgt den så å si inn i det fjerneste smutthull«.[143]

Optager lydfremstillingen megen plads i den norske udgave, gælder dette endnu mere den sidste tyske udgave. En grund hertil finder vi i et brev han skriver til Thomsen i 1890, hvori han omtaler

> den 2den tyske Udg. af min Engl. Philol, hvor navnlig den fonetiske Del bliver *stærkt* forøget, i Grunden *uforholdsmæssig,* men jeg finder det dog bekvemmest at anbringe alle mine fonetiske Studier i disse Aar samlet, isteden for at sprede dem paa forskjellige Steder.[144]

Her trækker Storm igen på korrespondancen med Sweet. Talrige fodnoter meddeler at Sweet har oplyst ham om denne eller hin særlige dagligdags eller formelle udtale af et ord eller en frase.[145] Her er der grund til at bemærke at Sweets oplysninger til Storm er yderst værdifulde vidnesbyrd om datidens udtale i England. I en ret nylig særdeles omfattende beskrivelse af det engelske sprogs historie pointeres det at det seneste par hundrede år nu og da er blevet betragtet som en forholdsvis stille periode i henseende til lydudviklinger, medens perioden i virkeligheden, i lighed med hvad der gælder udviklingen i ordforrådet, har været begivenhedsrig. Fremstillingen af den pågældende periode er bemærkelsesværdig ved at trække på Sweets oplysninger til Storm,[146] og den minder os om endnu et vigtigt forhold: Nogle af Sweets meddelelser er svar på en række spørgsmål fra Storm som viser at Storm har haft øre for udtaleforhold der var i deres vorden.[147] Som vi skal se, var Storms egen praktiske sprogbeherskelse fænomenalt god. Sider af den ruller han op i udgaven fra 1892-96, og hvad han siger må ses i sammenhæng med at han finder mange af Sweets fonetiske iagttagelser i engelsk påfaldende og godt er klar over at »ein Ausländer in solchen Fragen nie zu vorsichtig verfahren kann«. Han har ikke skyet noget middel for at kunne danne sig et sikkert indtryk, siger han, og han fortsætter:

Ich habe in der zahlreichen englischen Kolonie hier in Christiania Gelegenheit, gutes gebildetes Südenglisch, so oft ich will, zu hören; ich habe auch England wieder besucht, und die fliessende Rede gebildeter und ungebildeter Engländer wieder und wieder beobachtet; ich habe Theatervorstellungen, Gerichtsverhandlungen, Vorlesungen und Gottesdiensten beigewohnt und selbst an dramatischen Recitationen in einem englischen Shakespeare-Klub Teil genommen; ich habe gebildete Engländer veranlasst, fragliche Wörter isoliert und im Zusammenhang zu lesen und zu sprechen, meist ohne ihnen zu sagen, was es eigentlich gelte. Endlich habe ich auch erfahrene engl. Phonetiker und Sprachforscher zu Rate gezogen. Durch alle diese Untersuchungen bin ich aber in meiner ursprünglichen Ansicht im Ganzen bestärkt worden.[148]

Blandt de emner Storm diskuterer med Sweet indtager udtalevarianter i de ubetonede stavelser en fremtrædende plads. Især i den store tyske udgave er der tale om en virkelig fyldig og nuanceret fremstilling, der i mangt og meget foregriber hvorledes man i England i det følgende århundrede skulle diskutere »diesen flüchtigen Stoff«.[149] Forholdet er interessant også derved at Storm tydeligvis har været opmærksom på at her var der tale om et område af den allerstørste betydning i engelsk udtale: Fejl her er typiske for begyndere, og de genfindes ikke sjældent på senere niveauer.

Storms tanker om baggrunden for en række af Sweets udtaleformer som han ikke kan tilslutte sig, kommer frem i et koncept til et brev til Sweet i februar 1889 med tak for en række svar Sweet havde givet ham. Den pågældende del af konceptet er overstreget. Sagen drejer sig om bl.a. *Anglo-Saxon* og *romantic,* hvor Sweet har hvad Storm kalder »the artificial pron[unciation] [...] ænglousæksn, roumæntik«, medens Storm har »ænglosæksn, romæntik«, som han finder er »the more general and natural pron[unciation]«. Den overstregede passage, naturligt nok præget af forkortelser og indslag på eller farvet af engelsk, lyder:

> Den virkl Grund hvorfor Sw ikke har iagttaget disse Distinktioner forekommer mig at være at han har levet et Eneboerliv. Han siger selv at han har livet among educated people all his life. Men jeg tror at han har lived very little among them. Han har levet for sig selv og opkonstrueret sit Sprog paa egen Haand. Han har vistnok lært sit Sprog ved Omgang med dannede Mennesker, men kun ufuldstændigt, og har udfyldt Hullerne urigtig, med vulgære Former eller theoretisk. Hvorledes han er kommen til sine Resultater, behøv ikke at undersøges; det er nok at han afviger fra det almindl. Feilen er, at han har holdt sig udelukkende til sin egen individuelle Udtale og ikke nok har *observeret andres*.[150]

Men tankerne udvikles i begyndelsen af konceptet, hvor de ikke er overstregede, og hvor Storm bl.a. skriver:

> I cannot be quite persuaded that the pron[unciatio]n given in your Elem[entar] B[uch] is ordinary educated English in every respect. The English I generally hear from educated Englishmen differs from what you give. I do not make generalizations only from answers to leading questions, but I use every means in my power to observe spoken English. Of course it is quite right that you observe yourself, but that is not enough. You ought to observe other people too, in order to avoid a one-sided view. You ask: why *approve* or *standard*? But you yourself speak of what is or is not common or vulgar, which comes to the same thing. What puzzles me is that I never seemed to hear from yourself the pron[unciatio]n given by you in your book, but your utterance is often rather indistinct and muffled so that it is hard to make out what you say exactly. Of course you hear what you say yourself and form your theory on your own pron[unciatio]n. [...].

Et par andre eksempler på iagttageren Storm:

I samme koncept fortsætter Storm med en diskussion af udtalen af *umbrella* som fire stavelser hos Sweet: »You may be accustomed to umberella from your infancy or from school, and that may be the form natural to you.« Men, fortsætter Storm, det gælder sandelig ikke de andre »educated« engelske familier som han kender. Hos dem har han aldrig har hørt den sweetske udtale. »Only the other day«, fortsætter han, »Mr Hearn, the British Vice Consul here, asked if Mr Gepp had not left an umbrella in my house; no trace of umberella«. Og Mr Hearn er værd at lægge mærke til, mener Storm, for Hearn taler »genuine gentlemanly« sydengelsk »without a shadow of anything artificial; he has no talent for languages, has not been able to learn properly those of the countries he has lived in, and is a well of English undefiled«. Storm har ikke spurgt Hearn om *umbrella*, siger han (»I have only observed him«). Samme udtale finder Storm hos førnævnte Mr Gepp, »a very gentlemanly & unaffected fellow too, [...] who has lived in Norway for several years and just been appointed lector at Upsala«.[151] Hos ham er udtalen »without a vestige of ə«.

Et andet sted i konceptet, her vedrørende svækkelse af vokalkvaliteten i ubetonede stavelser, sukker Storm:

> Why should ordinary educated Engl[ish] people with good ears not be able to hear that *basket* rhymes with *ask it*, and *forehead* with *horrid*, if they sound perfectly alike? Now I have tried a good many in different ways; [...] I made Mr Gepp read the following beautiful sentence constructed by me for the [?] of future phoneticians: *An honest forester made the conquest of an interesting young lady with a modest income and an umbrella*. [...] But [...] Mr G did not emit a single one of the peculiar sounds advocated by you. Sometimes I attend readings and take notes on the spot, at which I am very practised and circumspect, noting my very doubts if I have such, & minute shades of sound, or intermediate sounds.[152]

Nok har vi ikke brevet til Sweet i sin endelige udforming, men vi har Sweets svar. Det er et udmærket eksempel på den korrespondance der dannede så vigtig en baggrund for Storms arbejde med sin beskrivelse af engelsk, og det illustrerer tillige hvor ligefremt Sweet skriver. Storm får læst og påskrevet. I sit svar skriver Sweet bl.a. om den udtale af anden stavelse som Storm hører i *photograph*, dvs. »fou*to*græf (-aaf)«, hvor Sweet i stedet bruger den svækkede vokal /ə/:

> Your foutogræf is a simple mishearing. You may have heard it from some shopboy talking fine, but it is not natural English now. [...] I think you rely too much on your power of observing these minute points. I find I can not rely implicitly on my observation of others. I can note deficiencies in my own pronunciation, but I cannot analyse them with certainty. When I have a class in phonetics I shall investigate deficiencies of pronunciation systematically by training my pupils to observe their own pronunciation. The truth is you, like all foreigners, have made up a bastard pronunciation of the unaccented vowels based partly on the spelling, partly on pedantic mispronunciations of Englishmen reading aloud, partly on old-fashioned pronunciation. Lecky[153] noticed this in your pronunciation. When you hear the

squeak of the real pig in my Elementarbuch, you are disgusted, and try to bolster up your mispronunciations by appealing to the pedantry and snobbishness of unphonetic Englishmen, or the pronunciation of Englishmen of a past generation. Western goes into the other extreme – he invents obscurations of unstressed vowels – which you most ridiculously charge me with doing – which is much worse than your artificiality.[154]

Et punkt hvor Storm interessant nok følger Sweet ses i hans holdning til det som normalt omtales som *isokronien* i engelsk, dvs. det forhold som flere fonetikere i det 20. århundrede har beskrevet som *den rytmiske tendens* i engelsk til at der er lige stor afstand mellem de betonede stavelser uanset antallet af mellemliggende ubetonede stavelser. Sammenlign f. eks.:

He **can't quite read** it.
I **doubt** if **he** can **read** it.
I **don't** really **think** he can **read** it.
I'd **hardly** have **thought** he could **read** it.
I **should**n't have thought it **pos**sible for him to **read** it.[155]

Det var bl.a. ved at gøre opmærksom på dette at Laura Soames (»the woman Soames,« som Sweet fnøs i et brev til Storm)[156] faldt i unåde hos Sweet (se ovenfor, s. 42). Soames ville gerne have at vide hvad andre mente om den isokroni hun kunne iagttage i engelsk,[157] og Sweets reaktion på hendes forespørgsel var totalt afvisende: her var der, mente Sweet, tale om noget »purely imaginary. English stress is not rhythmic but logical«.[158] Det følgende par års debat bragte Soames og Sweet endnu længere fra hinanden: Som Sweet skrev til Storm om Soames: »If she would only keep out of general phonetics, & learn a little modesty!«[159] Storm, som satte pris på mange af Soames' iagttagelser, kunne ikke dele Sweets ønske. Soames' synspunkt om isokronien i engelsk kunne Storm imidlertid ikke tilslutte sig, selv om han flere steder i sit hovedværk demonstrerer en ganske betydelig sans for sprogrytme.[160] Han nævner hendes opfattelse, som »ich mit Sweet als verfehlt ansehe«, og tilføjer:

ein Blick auf Sweets Texte genügt um zu sehen, dass die Sprechtakte nicht gleich lang sind, also keine wahren Takte sind; das ist erst in der Poesie der Fall.[161]

Men som Michael K. C. MacMahon bemærker i sin artikel om Soames, har eftertiden vist at Soames ikke var helt på vildspor, »at least for certain styles of speaking«,[162] heriblandt, måske mest udpræget, det kirkelige sprog, og det er lidt mærkeligt at Storm, der må have været fortrolig med den måde f. eks. fællesbønner som fadervor og trosbekendelsen bliver fremført på i den engelske kirke (hvor isokronien kan siges at medvirke til at forhindre et kaos), ikke har ofret forholdet videre opmærksomhed. Med en senere fonetiker, Arthur Lloyd James (1884-1943), kan man sige at »In the reading of Bible and Prayer Book there is usually very little distortion of natural language rhythm. Indeed, the intoning of certain prayers tends to accentuate the rhythm, and to bring out the full beauty of this very remarkable feature of English«.[163] Især er Storms uenighed med Soames påfaldende når man betænker hans allerede nævnte meget betydelige optagethed af de ubetonede stavelser i engelsk, der beskrives side op og side ned. Det er som om Storm her har været interesseret hovedsagelig i de enkelte ords fremtræden, dvs. mindre i det forhold at det for mange udlændinge der lærer engelsk »can be helpful to practise repeating strongly rhythmical utterances since this forces the speaker to concentrate on making unstressed syllables weak«.[164] Man kan sammenligne de netop nævnte sætninger med følgende: »The electricity board stated that they would be obliged to consider the reintroduction of power cuts«, hvor der er ni understregede betonede stavelser med et skiftende antal mellemliggende ubetonede stavelser, og hvor f. eks. de seks ubetonede vokaler mellem »sta-« og »-bliged« bliver komprimeret »as far as possible in order to allow the next stressed syllable to come on the regular [dvs. rytmiske] beat.«[165] Det der sker er altså at de seks stavelser »are squashed closely together in time so that they are heard as an acoustic blur rather than a series of six separate syllables«.[166]

Som allerede antydet synes imidlertid selve det forhold at Storm, navnlig i den store tyske udgave, ofrer så megen plads på de ubetonede stavelser, at kunne betragtes som et indicium for at han må have tillagt området stor betydning også i undervisningsmæssig henseende. Det er fristende at antage at når Storm anså Soames' tanke for at være »verfehlt« og, som vi så i Storm-citatet overfor, mente at egentlig »takt« kun findes i poesi, så forstod han begrebet »takt« i snæver betydning. Det er kort sagt vanskeligt at forestille sig Storm på den ene side med en så intens interesse i det pågældende område og på den anden side uden sans for rytmiske forhold, men det er ikke, forekommer det mig, en uberettiget antagelse at hans store interesse for området hang sammen med at han fornemmede dets betydning uden dog præcist at kunne formulere den i hele sin udstrækning. Mange år senere udtrykte en britisk lingvist forholdet kort og præcist i en omtale af intonationens rolle: »Good intonation presupposes good rhythmic ability; and good rhythmic ability presupposes proper articulation of the vowel and consonant sequences constituting the syllables of connected speech. Failure to use the appropriate segmental pronunciation of words and phrases, therefore, can have repercussions over a wide area of linguistic structure.«[167]

Storm havde således med et stykke pionerarbejde her bidraget substantielt til kortlægningen af de ubetonede stavelser, men det var først i det følgende århundrede at isokronien i engelsk skulle blive et vigtigt diskussionsemne blandt britiske fonetikere.[168]

6.3 »Kritik af de forhaandenværende Hjælpemidler«

Et træk ved *Engelsk Filologi* som allerede er strejfet, er den iver den røber hos Storm for at give læseren et godt indblik i hvad datidens bogmarked bød på af hjælpemidler. Store dele af bogen er helliget denne opgave, og læseren kommer vidt omkring, især på ordbogsområdet.

Størst omtale får en dansker, Svend Rosing (1804-84). Hans virke er beskrevet i en artikel af Jørgen Erik Nielsen, der beretter at Rosing var født i London som søn af præsten ved den danske kirke, at han kom hjem i 1812, og at han i 1831 blev teologisk kandidat fra Københavns Universitet.[169] Hans engelsk hang åbenbart ved, for i studietiden, læser vi, underviste han i engelsk forskellige steder, og det blev han ved med at gøre på to skoler indtil undervisningen, der foregik rent forsøgsvis, blev nedlagt i 1846.[170] Tre år senere træffer vi ham i udkanten af de yndefulde Mols Bjerge i Jylland, hvor han som sognepræst ved Vistoft kirke ikke kan have haft megen tid til at fortabe sig i landskabets skønhed. Han havde nemlig, foruden sine sognebørns sjælepleje, en ordbogs pleje at se til. Måske gjorde han den samme erfaring som nordmanden Ernst Wolff i 1779 nedfældede i fortalen til den første dansk-engelske ordbog overhovedet: »At skrive en Ord-Bog er det allervemmeligste, kiedsommeligste og fortrædeligste arbejde«.[171] Som Nielsen bemærker, klager Rosing til sit forlag, Gyldendal, over tidnød.[172] Resultatet af hans flid udeblev dog ikke: 1853 udkom førsteudgaven af hans *Engelsk-Dansk Ordbog*. Syv år senere blev han præst i Magleby på Møn, og fra 1880 tilbragte han sine sidste år i København.

Storm kaster sig over andenudgaven fra 1863 og erklærer straks at den »er endnu at foretrække for alle andre som almindelig Haandordbog. Den er i Forhold til Størrelsen et Mesterværk af Fuldstændighed og Nøiagtighed.«[173] Efter syv sider med detailkritik konstaterer Storm at den seneste (4.) udgave nu er udkommet i 1874, og at han »i Anledning af denne Bog [vil] overlade Ordet til en paa dette Omraade kyndigere Mand, Nordmanden Kand. *A. Larsen* i Kjøbenhavn, der i Tidskr. f. Filol. og Pædag., N. R., II, 55ff. har leveret en særdeles grundig Anmeldelse af Bogen, som fortjener at blive almindeligere bekjendt«.[174] Efter tre siders uddrag af Larsens anmeldelse, der slutter med at Larsen udtaler ønsket om at den aldrende Rosing, således som denne selv gerne vil, bliver afløst i ordbogsarbejdet, bemærker Storm energisk: »Saavidt Larsen. Idet jeg istemmer dette Ønske, vil jeg tillige udpege Hr. Larsen selv som den, der ubetinget vilde være den rette Mand til at skaffe os et tidsmæssigt engelsk-dansk-norsk Lexicon. Indtil dette sker, er imidlertid Rosings endnu uden Sammenligning den bedste Haandordbog for Danske og Nordmænd.«[175] Derefter vil Storm gå over til gennemgang af en anden ordbog, men – karakteristisk nok for hans undertiden ustyrlige og charmerende lyst til at kaste sig ud i detaljerne – når han lige at give Rosing et par afsluttende sider med på vejen.

Med sine sider om Rosing og sin korte præsentation af Larsen rammer Storm lige ned i et par nøglepersoner i historien om engelskordbøgerne i Norge og Danmark i to århundreder.

Sine dyder til trods var Rosings ordbog ikke tilstrækkelig for nordmænd. Storm giver i en anden forbindelse eksempler, »som kunde forøges med mange hundrede andre«, på »hvor nødvendigt det er for os Nordmænd at faa enten et fuldstændigt engelsk-norsk eller ialfald engelsk-dansk-norsk Lexikon. Det er navnlig Dyr og Planter, vi trænge norsk Oversættelse paa«.[176] Heller ikke senere var Rosing villig til at tage hensyn til specielt norske behov. En anmodning herom i 1880 fra forlæggeren, Frederik V. Hegel på Gyldendal, besvarede Rosing ifølge J. E. Nielsen med en bemærkning om at »he regarded it as 'totally superfluous for educated Norwegians'«.[177] En ordbog som Storm nok fandt langt mindre fyldig end Rosings, men som »for os [har] den store Fordel at være norsk«,[178] var Ivar Geelmuydens *Engelsk Ordbog* fra 1855, kort efter at Rosings ordbog var udkommet. I sit forord erklærer Geelmuyden at han næppe ville have påbegyndt ordbogsarbejdet hvis Rosings bog var udkommet tidligere.[179] Modsat Rosing anfører Geelmuyden udtalen – en fordel som Storm bemærker. Rosing erklærede sig senere, i 1874, villig til at angive de betonede stavelser, men ikke til at bruge nogen form for lydskrift.[180] Imidlertid solgte Rosing udmærket og kom før århundredskiftet i adskillige udgaver; således udkom efter Rosings død i 1884 en 6. udgave i 1887 og en 7. udgave i 1899.[181]

Som vi har set, pegede Storm i sin ordbogsgennemgang på »Hr. Larsen« som »den rette Mand« til at levere en ordentlig »engelsk-dansk-norsk« ordbog. Storms forventninger til kvaliteten af hans fremtidige ordbogsarbejde skulle ikke blive gjort til skamme. »Hr. Larsen« var Anton Laurentius Larsen (1827-88), der i Jens Axelsens bog om historien bag Gyldendals røde dansk-engelske ordbøger får en særlig omtale. Her fortælles at Larsen var nordmand, student fra Trondheims katedralskole, »begyndte at studere ved universitetet i Kristiania [...] og tog filosofisk eksamen (filosofikum) 1846, hvorefter han kaldte sig cand. phil.«[182] Han arvede en gård, fortæller Axelsen videre, forlod universitetet for at lære landvæsen i Skotland, men måtte uheldigvis opgive gården. Han kom til København i 1860 og blev dansk statsborger i 1867. Fra 1869 var han translatør i engelsk og svensk. Han ernærede sig som kopist, først i Gehejmearkivet, senere (1874-81) for det norske rigsarkiv.

Men Larsen er også omtalt af Storm på et tidligere sted i *Engelsk Filologi*, nemlig i afsnittet »Engelsk Udtale«, hvor Storm kort behandler en vejledning i engelsk udtale som Larsen havde udgivet i 1860.[183] Her præsenterer Storm forfatteren således: »Kand. Larsen, som er Nordmand, er den bekjendte kyndige Omarbejder af Ferrall og

Repp's dansk-engelske Ordbog.« Larsen, der havde redigeret 4. udgave af Ferrall og Repps ordbog 1873, var netop da ved at lægge sidste hånd på en dansk-norsk-engelsk ordbog.

Man kunne nu spørge hvordan det gik, dels med den engelsk-dansk-norske ordbog, som Storm håbede på, dels med den dansk-norsk-engelske.

Larsens egen engelsk-dansk-norske kom aldrig: Rosing døde som nævnt i 1884, og et brev fra Larsen til Hegel få dage senere gør det klart at Gyldendal havde spurgt Larsen om han ville stå for en revision af Rosings engelsk-danske ordbog.[184] I Storms store tyske udgave står der faktisk at efter Rosings død udkom den 6. udgave af hans ordbog i 1887 revideret af Larsen,[185] men det er galt. Der kom ikke noget ud af Hegels tanke, idet Larsen havde nok af andre gøremål og, modsat Hegel, forestillede sig en større ordbog end Rosings.[186] Rosings ordbog fortsatte i øvrigt, som vi har set, århundredet ud.

Den dansk-norsk-engelske ordbog, der første gang udkom i 1880, var netop hvad der optog Larsen. Han arbejdede nu på 2. udgave, der udkom i 1888, og som omtales kort af Storm i den store tyske udgave.[187] Som Storm bemærker, er ord der er karakteristiske for norsk markeret med en stjerne. Men der sker andre ting. Axelsen noterer sig at 1888-udgaven af Larsens ordbog, i lighed med 1887-udgaven af Rosings, nu i modsætning til det tidligere oktavformat udkom i kvartformat, og at Larsen »har ændret på alfabetiseringen og indført det princip der nu følges overalt i ordbøger fra dansk til fremmedsprog«, nemlig (som Larsen redegør for i sit forord) »at de danske Ord ere opstillede i strængt alfabetisk Orden istedenfor, efter gammel Skik, under Hovedordene.«[188] Axelsen tilføjer at nok er Larsen »ikke den første der indfører den alfabetiske orden inden for artiklerne«, idet der er tilløb hertil hos Ferrall og Repp, »men han gennemfører den mere konsekvent«.[189] Der var flere andre dyder ved Larsens ordbog, og Axelsen konkluderer om Larsen at han har »ydet en original videnskabelig indsats«.[190]

Larsen luftede i 1884 og 1887 planer om en mindre dansk-engelsk ordbog til skolebrug, men Hegel ville tilsyneladende have 1888-udgaven afsluttet først.[191] Da Larsen efter at have afleveret manuskriptet til denne gik hjem og hængte sig,[192] blev den først virkeliggjort senere, i 1902, med *Dansk-Norsk-Engelsk Ordbog* ved Johannes Magnussen

Ill. 15. Otto Jespersen fotograferet i Gentofte 1907 af Henry Buergel Goodwin (1878-1931), sprogmand og fremstående portrætfotograf i Stockholm (se Ehrs & Bengtsson 1998 og Östlind 1997).
Med venlig tilladelse fra Det Kgl. Bibliotek.

(1848-1906), der dermed startede hvad der skulle blive til Gyldendals røde ordbogsserie. Fra denne også i dag så populære serie går der således en linje tilbage til nordmanden A. Larsen.[193] Der skulle gå 17 år før 2. udgave af Magnussens ordbog udkom, og nu var ordet *Norsk* forsvundet fra titlen.[194] Med flere og flere forskelle mellem norsk og dansk kunne det ikke lade sig gøre at have en enkelt ordbog for de to sprog.[195]

Magnussen, der også er beskrevet hos Axelsen, var medarbejder ved John Brynildsens (1852-1926) store *Engelsk-Dansk-Norsk Ordbog* (1902-07), hvis lydskriftbetegnelser besørgedes af Jespersen. I sit forord bemærker Brynildsen meget beskedent i forbindelse med sin tak til Jespersen at udtalebetegnelsen »vistnok er en af Bogens stærkeste Sider«.[196] Den bød da også på en nydannelse: Her fik Jespersen (*Ill. 15*) – som han beretter i sin selvbiografi – »i modsætning til de da existerende ordbøger, helt igennem taget hensyn til den faktiske svage eller dumpe lyd i de ikke-aksentuerede stavelser«.[197] Dette sidste kan have betydet intens glæde hos Storm, der, som vi har set, længe havde været ret så optaget af de ubetonede stavelser i engelsk, omend hans hovedinteresser efter århundredskiftet, da han var midt i tresserne, synes at have været norsk og fransk sprog.

Det er således en del af et interessant stykke ordbogshistorie som Storm bringer os ind i i 1879. Det samme gælder den store tyske udgave fra 1892-96, hvor han ajourfører sin beskrivelse af de talrige foreliggende ordbøger, og hvor han lige når – både under redegørelsen for engelsk udtale og under sin gennemgang af ordbøger set fra andre vinkler – at kommentere begyndelsen af det monumentale ordbogsværk fra Oxford, der få år forinden havde set dagens lys,[198] og som tydeligvis hensatte Storm i begejstring.

6.4. »Bibelens simple og ædle Stil«

I afsnittet »Forfatterlæsning og Literaturstudium« er det iøjnefaldende hvor megen opmærksomhed Storm vier sproget i den engelske bibeloversættelse fra 1611, »the Authorised Version«, og hvilket ordvalg han beskriver den med. Her har vi ikke en forfatter der lægger kølig distance til sit emne. Han hæfter sig her ved »Sprogets vidunderlige Kraft og Høitidelighed. [...] Sproget er netop gammelt nok til at gjøre Indtryk af ædel Ærværdighed, og ikke for gammelt til at være forstaaeligt«. Der er f. eks., siger han, »noget usigelig virkningsfuldt i den simple Ombytning af *truly* eller *indeed* med *verily*, af *to* med *unto*, saa at naar det heder: *Verily I say unto you*, saa er man i en ganske anden Sfære end om det hed: *Indeed I tell you*«, og han fortsætter:

> det sidste kan være indtrængende og alvorligt nok, men det er menneskeligt Sprog, det andet er guddommeligt.[199]

Storm benytter sproget i 1611-versionen som springbræt til at give læseren lidt sproghistorisk viden under en redegørelse for »Bibelsprogets Afvigelser fra det nuværende Sprog eller andre Mærkeligheder«. Den optager dog kun få sider. I den store tyske udgave[200] er der mindre udvidelser heraf, en udvidet bibliografi (igen ses Storms forkærlighed for at give kommenterede litteraturhenvisninger) og en tilføjelse om en »Revised Version« af det Nye Testamente der er kommet til i mellemtiden (1881). Sidstnævnte havde Storm strejfet i den norske udgave fordi han havde hørt om revisionsforberedelserne, og han havde her bemærket: »Forandringen kommer vel blot til at gaa ud paa en rigtigere Oversættelse af enkelte Steder. Forhaabentlig vil den gamle Stil og Sprogtone bevares.«[201] Storm ville næppe have været fornøjet, havde han oplevet en af sin eftertids engelske bibeludgaver (1961). Hvis han havde læst i dennes Første Korinterbrev XIII, 11-12: »When I was a child, my speech, my outlook, and my thoughts were all childish. When I grew up, I had finished with childish things. Now we see only puzzling reflections in a mirror [...]«,[202] ville han antagelig med en af anmelderne have tænkt at det var nærmest »Like finding a parking lot where a great church had stood«.[203] Når han, som vi har set, dvæler ved »Sprogets vidunderlige Kraft og Høitidelighed«, har han fat i de stilkrav som mange vil stille ikke blot til bibelsproget, men også til det liturgiske sprog, og som indgående er drøftet af David Crystal. Med dennes ord: »To find religious language meaningful, you must, it seems, first want belief – or, at least, be dissatisfied with unbelief.«[204] Storm var ikke en blot og bar traditionalist der var sur over enhver forandring. Han var dybt engageret i det religiøse sprog og – samtidig med at han ønskede et

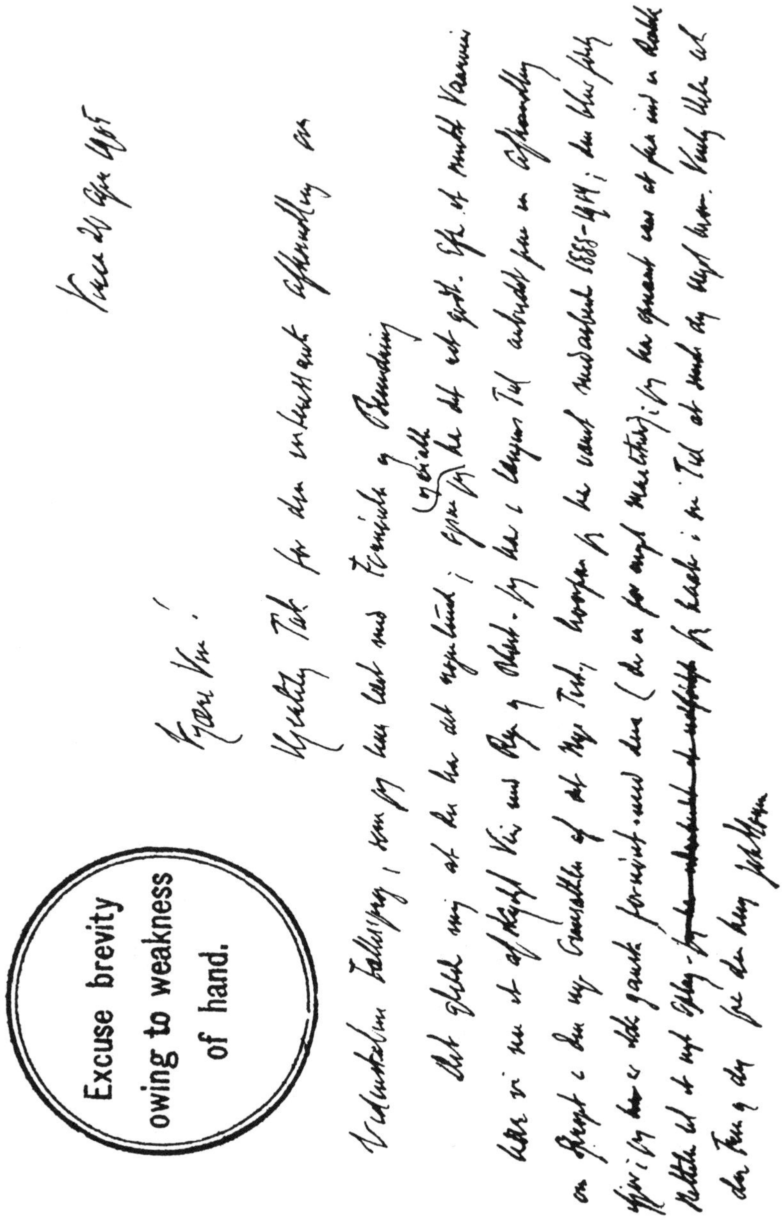

Ill. 16. Den næsten 70-årige Storms usikre hånd (s. 74).
Med venlig tilladelse fra Det Kgl. Bibliotek.

Forord.

Jeg havde haabet at faa den i Bibelselskabets Aarsberetning 1904 S. 20 lovede Redegjørelse færdig samme Aar som Oversættelsen blev afsluttet. Men ved fornyet Gjennemsyn af den færdige Tekst blev det mig klart, at der var Rum for ydere ligere Forbedringer. Jeg fandt, at jeg ikke kunde slippe dette Arbeide uden at have gjort alt hvad jeg kunde for at gjøre det saa godt som muligt. Først naar dette var gjort, kunde jeg levere en Redegjørelse for Sproget. Men for at kunne udføre disse Arbeider tilfredsstillende, maatte jeg først have en fuldstændig Oversigt over det sproglige Materiale, saavel Grammatik som Ordforraad.

Jeg har derfor udarbeidet to udførlige Samlinger:

¹) Grammatik: en systematisk Samling vedkommende alt hvad der var Spørgsmaal om i Retskrivning og Sprogform, med alle nødvendige Citater. Denne Samling er bleven til lidt efter lidt under Arbeidets Gang fra 1888 til 1904, men er bleven betydelig forøget ved flere nye Gjennemgaaelser af den hele Tekst 1904—5.

²) Ordforraad: et nøiagtigt Register over alle væsentlige Forandringer i Ord og Udtryk fra den næst foregaaende Oversættelse af 1873. Jeg har stadig sammenlignet den Græske Tekst (efter Gebhardt) med de ældre Norske Overs. af 1819, 1830 og 1873 og den Danske efter Udg. af 1819 (ifølge Levinsens Concordants 1856*). Særligt Hensyn har jeg taget til den nye Engelske Oversættelse, The Revised Version 1881, som oftere har været mig til Hjælp i tvilsomme Tilfælde.

I Oversættelseskomitéens Redegjørelse (Bibelselskabets Aarsberetning 1904 S. 20) heder det: "Komitéens Medlemmer Bang og Odland undlader ikke at udtale og betone, at de baade med Hensyn til Fornorskning og for andre sproglige Spørgsmaals Vedkommende har rettet sig efter, hvad Professor J. Storm har fundet tilraadeligt og passende paa Udviklingens nuværende Standpunkt". Dette maa forstaaes med nogen Indskrænkning. Det gjælder ubetinget med Hensyn til Grammatiken (Sprogform og Retskrivning), derimod mindre med Hensyn til Ordforraadet; dette er kommet istand ved et Kompromis, idet den fremskredne og den moderate Retning inden Komitéen har gjort hinanden gjensidige Indrømmelser. Det lykkedes mig her ikke altid at sætte min Mening igjennem; jeg maatte nøie mig med at rydde de værste Anstødsstene af Veien; en Del mindre Ujævnheder er blevne staaende, som jeg nu vil foreslaa fjernede. Mine Forslag tilsigter ikke nogen fuldstændig Omarbeidelse, men blot en fuldstændigere Gjennemførelse af de vedtagne Grundsætninger.

For at svare fuldstændig til mit Ideal maatte Bibelsprogets overleverede Stil, de

*) Den Danske Overs. af 1819 er i Danmark bleven beholdt væsentlig uforandret. Af de Norske har jeg benyttet de i Aarsberetningen af 1904 nævnte Hovedudgaver: den af 1819, nær overensstemmende med den Danske af 1808, betegnet "α", her anført efter et Expl. af Lond. 1823; den af 1830, mere selvstændig, betegnet "1. Udg.", anført efter et Expl. af 1864; den af 1873, "2. Udg.", anført efter et Expl. af 1884. De mellemliggende mindre Revisioner, f. Ex. den af 1901, har jeg ikke taget Hensyn til; de her gjorte Ændringer er smaa og faa.

gamle kjendte og kjære Ord, være beholdt i større Udstrækning; jeg vilde have foretrukket en blot og bar "Revision", en rettet og forbedret Oversættelse paa det gamle Grundlag, for en ganske ny Oversættelse.

Men da dette ikke kunde opnaaes, har jeg gjort hvad jeg kunde, for at den nye Oversættelse i et nyt Oplag kunde fremtræde i en saa smuk og værdig Form som muligt.

Paa Grundlag af de nævnte Samlinger og fornyede Gjennemgaaelser af Tekften har jeg nu udarbeidet en systematisk Fremstilling af det nye "Bibelsprog". Arbeidet falder i 3 Afdelinger

I. Forslag til nye Rettelser; Liste over Trykfeil i 1. Oplag (rettede i senere Oplag).

II. Jeg gaar dernæst til en udførlig Fremstilling af Ordvalget, det nye Ordforraad; jeg undersøger de forskjellige Udgavers Forhold til hinanden og paaviser, hvorledes Sproget fra forældet Dansk efterhaanden er blevet nyere Norsk, delvis i Udg. af 1830, mere i Udg. af 1873, mest i Udg. af 1904. I denne sidste undersøger jeg særskilt Behandlingen af: A. Gamle Ord B. Ufolkelige Ord. C. Fremmede Ord. En egen Underafdeling af disse udgjør de talrige Tysk-Danske Sammensætninger, som er blevne betydelig indskrænkede og fornorskede, noget hvorpaa der er lagt et ganske betydeligt Arbeide. Endelig kommer som Afdeling D. "Rettelser", en alfabetisk Fortegnelse af saadanne Forbedringer i Udtrykket som ikke kan henføres til nogen af de foregaaende Klasser.

III. Tilsidst har jeg gjort Rede for den grammatiske Sprogform i den nye Oversættelse, navnlig Afvigelser fra den næst foregaaende Udgave af 1873.

Ved Udarbeidelsen af mine Samlinger har det vist sig, at der er blevet staaende en Del Uoverensstemmelser i Udtryk og Form, som først kom tilsyne ved den fuldstændige Oversigt over det hele Materiale. Alle disse Ujævnheder har jeg gjort Rede for.

Jeg har det Haab, at min Fremstilling vil være af væsentlig Betydning saavel for nye Revisioner af Det Nye Testamente som for den forestaaende Omarbeidelse af Det Gamle Testamente. Først ved dette Arbeide vil det være muligt at opnaa en fuldt gjennemført Sprogform og tillige udføre de Forbedringer som i Fremtiden maatte findes nødvendige, paa en systematisk og konsekvent Maade.

Kristiania, Oktober 1905.

Joh. Storm.

Ill. 17. Forordet til Storms bog om bibelsproget (s. 74).

konservativt præg i sprogtonen – indstillet på helt nødvendige forandringer. Hans betagelse af stilen i »Verily I say unto you«, som vi så ovenfor, synes at reflektere at hans optagethed her nok gjaldt rent sproglige finesser, men også mere end dem. Hans breve til Thomsen er dog stort set tavse når det gælder oplysninger om hans forhold til religion.[205]

Godt femogtyve år efter at *Engelsk Filologi* var udkommet, barslede han i 1906 med *Bibelsproget. En Fremstilling af Sproget i den nye Oversættelse af Det Nye Testamente (1904).* Arbejdet hermed må have været strengt for ham. Han var da næsten 70 år gammel og fysisk svækket, men pensioneringen lå seks år forude (»vore små forhold tillot ikke selv den høiest fortjente mand at trække sig tilbake, når han begynder at bli træt«, som Hambro[206] observerer). Som det ses på et postkort fra ham til Thomsen i 1905 (*Ill. 16*), plagedes han af en rysten på hånden, som vi ser ham omtale fem år tidligere,[207] og som nu havde bevirket at han havde anskaffet sig et stempel hvormed han nemt kunne forklare sig over for dem han skrev breve til. Den norske oversættelse som Storm i 1906 belyste ved en systematisk gennemgang af ændringer i forhold til ældre norske oversættelser (1819, 1830 og 1873) og en dansk (1819), var kommet til verden gennem et komitéarbejde,[208] i hvilket han havde deltaget med betydelig vægt, således som det fremgår af forordet, og hvor han i tvivlstilfælde ofte havde fundet hjælp i den engelske »Revised Version« fra 1881. Min læser vil af den reproducerede side fra Storms bog (*Ill. 17*) få et indtryk af hans synspunkter.

7. Storms universitetspædagogiske tanker

Jespersen kunne også læse andet end faglige fakta hos Storm. Han kunne her møde en universitetslærer hvis synspunkter om forholdet mellem elev og lærer ikke var de gængse:

Studiet af de levende Sprog stiller ikke smaa Fordringer, men det bærer ogsaa rige Frugter. Det er ikke nok at læse og samle Exempler fra Forfatterne; der maa en direkte Iagttagelse til af det levende Sprogs Fænomener, saa at man kommer »klos ind paa Virkeligheden«. Sprogforskningen streifer her ind paa Naturvidenskaben og bliver ligesom denne en Erfaringsvidenskab. De Studerende skal ikke uden videre overlade dette Arbeide til Professorerne; de skal ikke lade Videnskaben gaa sin Gang som dem uvedkommende og nøie sig med at sværge paa Magisterens Ord. Intet ligger nærmere for den Studerende end selv at iagttage den levende Sprogbrug i sit eget og fremmede Sprog. Kun da bliver Studiet ret frugtbart, naar der er et gjensidigt Forhold, naar Studenterne bliver Professorens Medarbeidere, og hver yder sin Skjærv til det fælles Maal, Erkjendelsens Klarhed og Glæde.[209]

– og en fyrre år senere, da Jespersen som universitetsrektor talte til studenterne ved immatrikulationsfesten, var der efterklange af Storm i hans ord om at den studerende selv skal kunne »danne sig en mening, vel at mærke ikke blindt, ikke ved at sværge til sin lærers ord, men efter moden overvejelse«.[210]

Det er kuriøst at mærke sig at medens den udvidede udgave af Storms bog, der udkom i to bind på tysk i 1892-96 og er resumeret af Sandved,[211] indeholder den ene sætning efter den anden ordret oversat fra 1879-udgaven, så er de betragtninger jeg har citeret ikke medtaget.

Fornemmede Storm at ideen om de studerende som »Professorens Medarbejdere« ville virke upassende på de tyske universiteter? Kan være at hans tanker strejfede hvad Sweet hvast og koncist havde skrevet til ham om hvordan han i Tyskland sansede en autoritær ånd hvilende over alt og alle:

I did not feel at home in Germany (except with my own friends) nearly so much as I did in Norway. There is always a sense of constraint and being over-governed and directed in Germany. When you get leave to fish, they send a boy with you to keep the fish alive in a tin case![212]

ligesom han også i anden sammenhæng havde demonstreret sine idiosynkrasier:

I am getting rather tired of working at Old English: there are such swarms of Germans grubbing at it that all my time is spent sifting the chaff of their repulsively written abhandlungs, entgegnungs, kritische bemerkungen, excurse and nachträge for the few grains of wheat they contain.[213]

Storms tanker om et universitetsstudiums natur og om forholdet mellem elev og lærer må have virket slående på Jespersen efter hans farvel til juraen. I sin *Engelsk Filologi* bemærker Storm:

Kun da kan den Studerende haabe at blive en god Lærer, naar han ikke tager Studiet som Brødstudium, men studerer for Studiets Skyld; naar han ikke forholder sig blot modtagende, men fordøiende og forarbeidende Stoffet, saa at det bliver levende i ham. Paa denne Maade bliver Stoffet ikke et udvortes Hukommelsesværk, men en Del af hans Aandsliv, en af hans vigtigste Interesser. Med andre Ord: han skal ikke saa meget lære udenad, som *undersøge*.[214]

Denne tanke hos Storm er bemærkelsesværdig, problemerne med dens virkeliggørelse ufortalt. Han rører her ved kernen i universitetsstudiet, som teologen Hal Koch med udgangspunkt i sit fagstudium så levende engang beskrev i en diskussion af hvad han kaldte »eksamenslidenskaben« på danske universiteter. »Hvor mange studerende,« spurgte Koch, »oplever mon nu om dage den fornøjelse at blive overrasket ved dagslysets frembrud, fordi de har været så optaget af at læse og skrive, at de har glemt både tid og sted?«[215] Storms forestilling om det gode universitetsstudium dukker i øvrigt op allerede i rejsebeskrivelsen fra 1871, hvor han i Frankrig noterer sig hvorledes det »videnskabelige Standpunkt« hos nogle studerende han træffer, »i det Hele var lavt. De blive ogsaa behandlede som Skolegutter ved Universitetet, idet de for hvert Aar have en Examen eller rettere en Del deraf«.[216]

En holdning der bringer tanken hen på Storms studieideal, finder vi i Jespersens beskrivelse af hvordan han arbejdede i sprogstudiet:

Jeg var i den tid ikke bange for at sprede mig og arbejdede i det hele ikke strengt efter hvad der kunne fordres til den examen jeg hade tænkt at ta. Jeg følte mig som en fri forsker i sprogenes uendelige verden – hvor var det dog velgørende efter den juridiske lektieterpen.[217]

Alt dette, slid for føden og strejftog på forskellige områder, fremmede egentlig ikke examensstudiet. Når jeg kom på universitetet, var det næsten altid for at dyrke noget jeg ikke skulde op i til examen.[218]

Det er ikke blot i 1938-tilbageblikket vi ser denne bevidsthed hos Jespersen om at det gjaldt om at udnytte også de studiemuligheder der ikke direkte vedrørte hans eksamen. Vi ser den allerede i hans breve fra studieårene. Et eksempel ses i et brev fra 1885 til Franke, hvor Jespersen fortæller at han har fået et stipendium, og det »er som om d'hrr professorer derved vil sige til mig: gör du din examen færdig, og det lidt hurtigt, min ven! – [...] Men sådan en examen er noget, jeg egentlig slet ikke skøtter om at tage: så får man sine timer bedre betalt og får måske rejsestipendium til udlandet. Men forberedelserne er det værste, som ordsproget siger«.[219] Et andet eksempel ses i korrespondancen med Storm: Storm havde i et brev til Thomsen spurgt: »[...] Kjender du en ung dansk Filolog eller Sproglærer O. Jespersen, [...] Jeg tror i ham at have opdaget en lovende ung Fonetiker. [...]«.[220] Kontakten mellem Storm og Jespersen kom i stand, og som 24-årig – kun få år inde i sprogstudiet – skriver Jespersen i et brev til Storm, der gerne ville vide noget om hans status, både om sin videbegærlighed og om sine økonomiske besværligheder:

Jeg har [...] ikke endnu kunnet afslutte mine indledende studier officielt ved en examen, nærmest fordi mine interesser har fået mig til at give mig af med ting, der lå udenfor vore examensfordringer og forsømme andre, som netop fordres til en examen; men også fordi mine pekuniære forhold ikke just begunstigede læsning af den art, som englænderne kalder cramming og tyskerne einochsen – som forældreløs har jeg, længe tildels og i de sidste år fuldstændig, måttet underholde mig selv. Derfor har jeg foreløbig måttet leve uden kandidattitel, men bevarer stadig som tegn på, at jeg endnu ikke har opgivet håbet om at opnå den, titulaturen stud. mag.[221]

Storm må formentlig have nikket bifaldende til denne holdning og tænkt på hvad han videre (jf. ovenfor) skrev i sin *Engelsk Filologi* om den studerendes selvstændige virksomhed:

Det er på denne Maade han [den studerende] vinder et aandeligt Fond, hvoraf han kan bestride de Krav, som stilles til ham, og dog staa som den, der altid har noget tilovers.[222]

8. Storm som foregriber af reformbevægelsen

Det var Storms betoning af det vigtige i at studere også *talesproget* som greb Jespersen. Denne opfattelse skulle få år senere blive et af kernepunkterne i det program som lanceredes af reformbevægelsen *Quousque Tandem*, der blev stiftet ved det nordiske filologmøde i Stockholm i august 1886. Nok deltog Storm i mødet,[223] men bevægelsens drivende kræfter var, foruden Jespersen, nordmanden August Western (1856-1940) og svenskeren Johan August Lundell (1851-1940), docent i Uppsala.[224] Dens programerklæring omfattede 1) basering af undervisningen på talesproget med indledningsvis brug af lydskrift, 2) anvendelse af sammenhængende tekster, 3) indledningsvis induktiv grammatikindlæring og 4) indskrænket benyttelse af oversættelse til fordel for produktion og reproduktion på det fremmede sprog.[225]

Traditionelt – men ikke overbevisende, som Sandved påpeger i sin indgående behandling af Storms rolle i reformbevægelsen – tidsfæstes hovedinspirationskilden til 1882, da Wilhelm Viëtor (1850-1918), dengang docent ved University College, Liverpool, senere professor i engelsk filologi ved universitetet i Marburg, offentliggjorde sit lille skrift *Der Sprachunterricht muss umkehren!* Det er en af Sandveds mange fortjenester at han så klart gør rede for at når selv et så anset værk som Howatts beskrivelse af engelskundervisningens historie oplyser at »Unlike many examples of educational change, the Reform Movement began suddenly«[226] med offentliggørelsen af Viëtors indlæg, er der grund til at være på vagt. Sandved[227] minder om det allerede citerede brev af 7/3 1887 fra Jespersen til Storm, i hvilket Jespersen bl. a. betoner betydningen af Storms *Engelsk Filologi* (1879) og Sweets *A Handbook of Phonetics* (1877) for reformbevægelsen. Derudover giver han yderligere dokumentation for at »Johan Storm allerede flere år før Viëtors bok utkom, hadde målbåret sentrale tanker i det som kom til å bli Reformbevegelsens program«, nemlig følgende:

I august 1872 anmeldte Storm i *Morgenbladet* en bok av en cand. phil. Peter Petersen (*Fuldstændigt Kursus i fire Sprog (Norsk, Tydsk, Engelsk, Fransk)*). Denne anmeldelse inneholder synspunkter på fremmedspråksundervisning som ti-femten år senere skulle komme til å bli hevdet med stor styrke av en samlet reformbevegelse. Det kan således neppe være særlig tvil om at Johan Storm spilte en vesentlig rolle i innledningsfasen til det som kom til å bli den viktigste reformstrømning innenfor fremmedspråksundervisningen i forrige århundre.[228]

Endelig påviser Sandved at Storm ikke var alene med sine synspunkter i 1872, og omtaler i den forbindelse Aars og Voss' Skoleprogram for 1872. Her findes en artikel med titlen »Særskilte Bemerkninger om Undervisningen i de nyere Sprog, navnlig om Tale-Øvelser«. Sandved påpeger at der her præsenteres »tanker om fremmedspråksundervisningen som kom til å stå sentralt i Reformbevegelsens program«. Hvad mere er: i forlængelse heraf bemærker Sandved at artiklen »også [viser] at dette ikke bare har vært teoretiske overlegninger på Aars og Voss' skole. Skolen hadde i det foregående år drevet forsøk med nye undervisningsmetoder i fremmedspråk«, i hvilke målet, som artiklen fortæller, var øvelse i talesproget, og hvor undervisningen foregik på det fremmede sprog.[229] Sammenholder man disse værdifulde oplysninger med det forhold at Storm umiddelbart efter sin embedseksamen blev ansat (august 1864) netop ved Aars og Voss' Skole, hvor han virkede i en periode »med nogle Afbrydelser«,[230] er det fristende at gætte på at Storm har spillet en rolle også i disse tankers fødsel.

Hvad angår Storms holdning til *Quousque Tandems* program, var den nok positiv, thi programmet var jo, som Storm bemærkede i en længere artikel om sprogundervisning, »udgaaet fra de samme grundtanker, som jeg har hævdet om det levende sprogs ret og en mere praktisk undervisning«.[231] Men han var dog reserveret (»disse tanker er her drevne til yderlighed«),[232] i særdeleshed hvad angår den indledningsvise brug af udelukkende lydskrift: Ikke at Storm ville forkaste metoden; »jeg mener blot at dens fortrinlighed endnu er ubevist; men den er jo altid et forsøg værd. Jeg for min del venter mig ikke saa særdeles meget deraf«.[233] Storms skepsis hang sammen med hans formodning om at det ville være svært for eleverne først at lære fonetiske symboler og dernæst en kompliceret ortografi.[234] Desuden så han en vanskelighed i valget mellem talesprogets forskellige former: »Man har f. ex. i engelsk lettere, tonløse former som *aiv* (I've) og tungere, eftertrykkeligere som i *ai häv* (I have); man har en finere udtale som fransk *kelkə* (quelque) med biformen *kelk* foran vokaler, og en simplere som *kek*. Hvilken af disse former skal man nu lære i lydskrift? Skal man lære dem alle, bliver det nye system mere indviklet end det gamle. Det er lettere at lære det ene ord, det orthographiske *quelque*, selv om man underlægger det tre udtaler, end at lære de tre ord *kelkə, kelk* og *kek*.«[235] Hertil kom at Storm så lærerens rolle som central: Måske kunne lydskriften gøre gavn, men lige så vigtig var »en dygtig lærers hjælp. [...] den finere afslibning, det egentlige »sving« faar nok eleven fremdeles tilegne sig ved direkte efterligning af læreren«.[236] Sandved[237] citerer Storms kritik, således som han – »den modne, erfarne språklærer«, manden med den ideelle praktiske baggrund for sit universitetsarbejde[238] – kort resumerede den i den pågældende artikel:

> Det forekommer mig overhovedet, at den nye skole optræder altfor dogmatisk, idet den på forhaand afgjør en hel del spørgsmaal, som endnu er uafgjorte. Det kan lidet nytte at kuldkaste det gamle, naar det ikke er sikkert, om det nye er saa meget bedre. Det er bedre lidt efter lidt at lempe paa det bestaaende og prøve sig frem.[239]

Små tre år efter at *Quousque Tandem* var stiftet, var afstanden mellem Storm og Reformbevægelsen blevet mindre:[240] Storm figurerer sammen med Sweet og Viëtor i den separate liste over æresmedlemmer der indledte den komplette medlemsfortegnelse for 1889.[241] Det totale antal medlemmer var nu 169. Foruden de tre æresmedlemmer var der 51 fra Sverige, 47 fra Norge, 49 fra Danmark, 12 fra Finland og 7 fra »Udlandet«. Blandt de danske medlemmer bemærker man især Vilhelm Thomsen, i øvrigt et tidligt medlem, idet han figurerer i en medlemsfortegnelse to år tidligere.[242] I listen over de norske medlemmer (*Ill. 18*) mærker man sig den senere så kendte leksikograf John Brynildsen, H. Var (som vi senere skal træffe) og formanden i Norge, August Western.

Til det »*Kjendskab til Sprogene selv*« som »tilsigtes ved den nye Lærerexamen i moderne Filologi« hører, som vi har set, »en nøiagtig og korrekt *Udtale*«.[243] Lærere i fremmedsprog i Norge brillerede gennemgående ikke i deres udtale. Hvad angår Danmark vil kendere af situationen i forrige århundrede erindre hvad den engelske kritiker Edmund Gosse, som vi tidligere (s. 21f.) har truffet, fremsatte af fornøjelige spredte bemærkninger om den færdighed i engelsk talesprog som han iagttog hos forskellige af Københavns spidser under sine besøg i Danmark 1872-74;[244] de vil også tænke på den holdning til praktiske færdigheder som fandt udtryk i f. eks. Metropolitanskolelektorens ord fra århundredets slutning til sine disciple, nemlig at det »er den lærde Skoles Opgave at vise Dem Sprogenes Bygning og indre Sammenhæng og give et passende Ordforråd; Resten kan enhver Overkellner lære Dem.«[245] – en udbredt holdning, som Knud Sørensen da også ser som et sandsynligt udslag af at »der ikke var mange lærere, der var i besiddelse af virkelig talefærdighed«.[246] Her, i århundredets anden halvdel, ville en elev utvivlsomt kunne gøre nogenlunde den samme erfaring som den senere professor i fransk N. C. L. Abrahams kort gav udtryk for da han berettede om sin tid som elev i Efterslægtselskabets skole 1808-11: »En Skriver i Forligelsescommissionen, Schou, lærte os Engelsk, hvilket han ikke selv kunne.«[247]

Foran skulle vente en lang udvikling. Som den berømte sprogvidenskabsmand Karl Verner (1846-96) skrev til Jespersen d. 30/8 1886 efter at *Quousque Tandem* var stiftet: »[...] gør Dem for guds skyld ingen illusioner om, at denne opgave [at få sprogundervisningen herhjemme reformeret] vil falde let her i Danmark. Dertil har den klassiske filologi alt for længe som en mare ligget på sprogvidenskaben. Vi har kun ét universitét, og i over en menneskealder har dette universitét kun haft én vægtig filologisk autoritet; alle skolemændene i de sproglige fag er derfor skårne over én læst med en på blind autoritetstro fæstnet undervisningstradition. *Den* generation får De ikke omvendt; den må De lade forsvinde efter mortalitetens love. Og det har lange udsigter«.[248]

Omend udviklingen skulle forløbe trægt, var det dog kun få år senere, i 1902, at holdningen bag Metropolitanskolelektorens »Overkellner«-henvisning igen skulle stå for skud. Det skete i et lidenskabeligt indlæg fra mag. art. Gerson Trier (1851-1918) på et møde i De lærde Skolers Lærerforening. Det kan »ikke gå an«, erklærede Trier, »at man endnu sidder med sine klassiske Hjerner og søger ud fra dem at ville undervise. Vi maa forandre Hjernerne paa Lærerne, før der

4. Norge.

Abel, F., lærerinde Fredriksstad.
Algaard, Th., lærerinde Bergen
Andersen, L., lærerinde Sarpsborg.
Bauer, C., skolebestyrerinde Kristiania.
Bentzen, A., lærerinde Molde.
Blackstad, R., lærerinde Kristiania.
Brinchmann, Chr., cand. mag. Fredriksstad.
Brynildsen, J., cand. mag., lærer ved sökrigsskolen Horten.
Collin, Chr., cand. mag. f. t. London.
Dahl, C., skolebestyrerinde Moss.
Erichsen, Th., cand. philos. Fredriksstad.
Fasting, G., dr. phil., skolebestyrer Sarpsborg.
Fjertoft, A., cand. mag. Fredriksstad.
Flo, R., cand. mag. Nordre Aurdal.
Geelmuyden, C., cand. mag. Hamar.
Graff, S., lærerinde Kristiania.
Hals, C., cand. theol. Moss.
Hansen, Fritz, cand. theol., folkehöiskolelærer Follebu pr Lillehammer.
Holm, F., cand. theol. Sarpsborg.
Jensen, F., adjunkt Fredrikshald.
Johannesen, B. lærerinde Bergen.
Johnsen, O., cand. mag., skolebestyrer Stenkjær.
Kaurin, C., cand. theol. Risör.
Krog, M., lærerinde Bergen.
Landmark, H., lærerinde Hamar.
Lund, J., skolebestyrer Horten.
Lund, N., lærerinde Fredriksstad.
Lödrup, H., adjunkt Bergen.
Malm, K., cand. mag. Stavanger.
Millberg, N., stud. philol. Kristiania.
Nicolaysen, J. A., skolebestyrer Bergen.
Olsen, R., kateket Flekkefjord.
Olsvig, V., cand. mag. Bergen.
Osnæs, S. K., cand. theol., skolebestyrer Elverum.
Rognaas, N., stud. philol. Kristiania.
Rönning, A., lærerinde Overhalden.
Scharffenberg, V., skolebestyrer Lillesand.
Schiörn, K., stud. philol. Kristiania.
Schröder, V., lærerinde d:o
Sinding, J., lærerinde Fredriksstad.
Sommerfelt, H. V., cand. theol., skolebestyrer Laurvig.
Tandberg, O., skolebestyrer Mosjöen.
Var, H., stud. philol. Fredriksstad.
Veel, E., cand. theol. Hamar.
Voss, P., skolebestyrer Kristiania.
Western, A., cand. mag., formand f. Norge Fredriksstad.
Western, G., lærerinde Kristiania.

Ill. 18. Listen over de norske medlemmer af Quousque Tandem i 1889 (s. 81).

kan være Tale om, at de i Virkeligheden med hele deres Bevidsthed og Følelsesliv faar indsuget Forestillingen om, at det er levende Sprog, de har med at gøre«.[249] Men en forudsætning for at kunne realisere en ny sprogpædagogik var jo – indlysende nok – at lærerne kunne bevæge sig ubesværet på det fremmede sprog, og her, mente Trier, kneb det: »mange Lærere er hverken altid i Stand til at bedømme om det, Eleverne siger, er rigtigt, eller til selv at sige, hvad de vil.«[250] Hvad Trier hermed var inde på, var klart det samme som Storm små 25 år tidligere udtrykte da han betonede nødvendigheden af hos de vordende lærere at »udvikle et levende Kjendskab til de fremmede Sprog, bibringe dem Færdighed, Sikkerhed og Sprogfølelse, og føre dem ind i Sprogenes Aand«.[251] Trier var rystet over sine erfaringer som manuduktør i fransk og engelsk og tilføjede: »gaar man op ved Skoleembedseksamen paa Universitetet og hører, hvorledes der tales af forskellige af de Mennesker, som skal aflægge Prøve paa deres Evne til at tale det moderne Sprog, de senere skal undervise i, er det intet mindre end en Skandale! Det er rædselsfuldt!«[252] Derfor, mente Trier, må vi, »hvis virkelig de fremmede Sprog skal faa den Betydning, de skal have, søge paa en eller anden Maade at faa fremmede Lærere ind i Skolerne«[253] til at tale med eleverne.

Jespersen, der deltog i mødet, og som tydeligvis var lidt pikeret over Triers bemærkninger om sine eksamensindtryk, bemærkede: »det er ganske vist hændet os, at vi har maattet give meget daarlige Karakterer i et saadant Fag. Jeg ved ikke, om de Kandidater, som Hr. Trier har hørt, er hans egne Manuducenter, i hvert Fald ved jeg, at der er meget hyppig forekommet det Tilfælde netop med Folk, der havde Engelsk til Bifag, at den første Gang, jeg har set deres Ansigt, har været til Eksamen, og i saa Tilfælde mener jeg ikke at have noget som helst Ansvar. Derimod vilde jeg ønske at Hr. Trier i Stedet for at komme med den ganske stærke Fordømmelse af Universitetet paa Basis af, hvad han har hørt ved Eksamensbordet, vilde lægge sig en lille Smule paa Sinde det, som vi saa tit har gjort gældende lige overfor Skoleundervisningen, at det ikke er Eksamen i og for sig, det kommer an paa, og at man ved Eksamen ikke altid faar det rigtigste Billede, og jeg vil ønske, at han vilde komme til vore Undervisningstimer.«[254] Med hensyn til nytten af indfødte lærere ved skolerne var Jespersen lidt skeptisk. Han ville foretrække en ordning med indfødte foredragsholdere der rejste rundt ved skolerne med det samme foredrag med en følgende »Spørgetime eller lignende«.[255]

Vi skal senere (s. 95ff.) se på ideen om ansættelse af indfødte lærere ved universitetet, en tanke der tidligt var luftet af Storm, og som skulle blive genstand for en livlig diskussion både i Norge og i Danmark.

9. Storms egen sproglige kompetence

I sit arbejde med talesprogets beskrivelse var Storm meget tidligt ude om en vigtig sag: Hans første publikation, fordelt over to numre af *Illustreret Nyhedsblad,* hvor han præsenterede sig som »Stud. phil. J. Storm«, havde titlen »Tale og Accent i Forhold til Sang«.[256] I denne artikel, som drøfter forhold i norsk, svensk og dansk, taler den trænede iagttager om intonationens betydning:

Om en Tydsker eller Engelskmand f. Eks. taler Norsk nok saa korrekt, om han endog iagttager de i Talesproget brugelige Sløjfninger, kan man dog strax høre, at det er en Udlænding, saa længe han ikke har tilegnet sig vor eiendommelige Melodi, Accenten. Netop heri ligger Vanskeligheden af at kunne komme til at tale et fremmed Sprog som Indfødt, Enhver kan ved Flid og Omgang med Fremmede lære at tale flydende; men det er ikke Mange givet at kunne gjøre til sin Eiendom den aldeles fremmede Melodi, hvori det andet Sprog bevæger sig.[257]

Senere genoptog han emnet i »Om Tonefaldet (Tonelaget) i de skandinaviske Sprog« (med et resume på fransk),[258] og få år efter kunne han i sin *Engelsk Filologi* dække store dele af fonetikken. Men hvordan stod det til når det gjaldt hans egen beherskelse af fremmede sprog?

Et af svarene leveres af Jespersen, der i sin bog *Fonetik* – i pagt med Storms praksis i *Engelsk Filologi* – præsenterer en oversigt over de vigtigste bidrag til studiet af disciplinen. Før han skriver om Storm, bemærker han om Sweet bl.a. at denne »ikke egentlig [er] karakteriseret ved et hurtigt og fint øre; men han opvejer dette ved den sejhed og grundighed, hvormed han går til værks.« Storm, derimod, beskriver han således:

[...] Storm er den hurtige iagttager, der med et fint musikalsk øre forstår at gribe en fremmed udtale i flugten med ualmindelig stor skarphed og fastholde den i en tro erindring. Karakteristisk i så henseende er det f. ex., at han i 1892 kan nedskrive den musikalske betoning af en sætning, han havde hørt i Pompei tyve år i forvejen: »Die melodie ist mir noch nach 20 jahren gegenwärtig«.[259] Dette i forbindelse med en udstrakt lejlighed til ude og hjemme at høre de forskelligste sprog gör ham til den, der vel er rigest på enkeltiagttagelser på fonetikkens forskellige områder. Han efterligner skuffende [dvs. slående (A.J.)] mange slags tale.[260]

Storm var ikke smigret. Det er ud fra bl.a. dette udsagn fra Jespersen at han (se ovenfor s. 32) finder hans »Dom [...] overfladisk og anmassende overlegen i det ene Øieblik, altfor rosende i det andet«. Han fortsætter:

Hans Dom om Sweet vilde passe bedre paa mig end den gjør paa Sweet. Sweet er meget *hurtigere* i sin Opfatning end jeg, og tillige ualmindelig *skarp* og *sikker*; Jespersen er raskere men ikke altid så sikker.

Jeg er slet ikke hurtig, jeg griber slet ikke Lydene i Flugten og fordyber mig i dem ofte i Aarevis. J. har aabenbart skrevet flot og feiende om hvad han ikke har kjendt ordentlig til. [...].[261]

Den franske sprogmand Paul Passy[262] skrev overstrømmende om Storms sprogbeherskelse:

Professor J. Storm, of Christiania, is probably the greatest practical linguist, as also the greatest phonetician, in the world. He speaks English *quite* like a native, Italian, French and German very nearly as well, and has a practical knowledge of all Romance and Teutonic tongues and of 200 *Norwegian dialects*![263]

Henry Sweets udsagn er også interessant. Sweet, som fordybede sig i adskillige sprog, og som med Jespersens ord ikke »helmer [...], för han kan efterligne hans [lærerens] tale i alle enkeltheder«,[264] var i almindelighed overordentlig kritisk anlagt. Han mente f. eks. om den tyske sprogmand Eduard Sievers[265] at han nok kunne lyde overbevisende engelsk for »an unattentive ear«, men – med hans ord i et brev til Storm – »it is not perfect, either in sounds or idioms: there is a German flavour about it«.[266] Om Storms sprogbeherskelse var den kræsne Sweet helt uforbeholden. Som vi allerede har set i korrespondancen (s. 62), kunne han nok henfalde i irritation over Storms valg når det gjaldt varianter i udtalen af visse ubetonede stavelser, men der var alligevel ingen tvivl hos Sweet:

his pronunciation of English and command of its idioms is so perfect that an ordinary observer might converse with him for hours without suspecting him to be a foreigner.[267]

En sådan grad af perfektion er påfaldende når man betænker hvad den indebærer af krav, ikke blot til »sounds and idioms«, men også til tempo, rytme og intonation og til de mange andre træk ved samtalesproget som først længe efter Storms tid er blevet forsøgt afdækket.[268] Sweets dom er særlig interessant fordi han – længe før andre sprogfolk – kunne pege præcist på træk der røber udlændingen. Således for eksempel stemmekvaliteten. Sweet beskriver hvorledes engelsk almindeligvis er præget af delvist lukke af munden og nasalering, og han bemærker i den forbindelse at tyskerne undertiden »say of the English, with humorous exaggeration, that they speak, not with their mouth like other people, but with their nose and throat«.[269]

Et vidnesbyrd om den aldrende Storms sprogbeherskelse finder vi i erindringerne der er skrevet af en af hans elever, den senere stortingspræsident C. J. Hambro (1885-1964), som tog sin eksamen i 1907 med norsk som hovedfag og engelsk og fransk som bifag. Her, hvor forfatteren omtaler sig selv som »Studenten«, tegnes et rørende billede af universitetslæreren efter mange års virke (Storm var da i slutningen af tresserne):

Johan Storm, som var professor både i engelsk og fransk, var gammel og utslitt; private sorger og bekymringer hadde tæret på hans krefter; han hadde ikke i nogen henseende de arbeidsvilkår hans eminente evner og videnskabelige innsats skulde gitt ham krav på, og man hadde inntrykk av at hele sprogudviklingen i Norge var en personlig gremmelse for den fine kjender av norske dialekter og av norsk literatur. Han var en af dem som først forstod klart hvilket umådelig kulturtap en politisk målstrid måtte bety.

I Studentens filolog-år bestod hans forelesninger i fransk alene av lange opramsninger om præposisjonene *à* og *de* – med hundreder på hundreder av eksempler på verber som tok *à* eller *de*. Det var noget rørende, men nesten uhyggelig i å se ham komme slæpende med de mange forelesningshefter som rummet hans dyrebare samlinger; og vilde en student volde ham en særlig glede, brakte han med en sjelden konstruksjon med *à* eller *de* han hadde støtt på. Og med en samlers lykkelige omhu klistret Storm eksemplaret inn i et av sine album.

I engelsk var det noe bedre. Der leste man »Hamlet« for Storm, og han korrigerte med stor omhu studentenes uttale. – Selv snakket han jo det mest fuldkomne engelsk, som han snakket fuldkommen fransk.

Det gikk legender om hans fantastiske kjendskap til både engelsk og fransk – og all annen – fonetik. Det fortaltes at Walter Fischer, som var nogen år eldre som filolog enn Studenten – en dag leste op en engelsk tekst for Storm. – Storm kritiserte hans uttale og sa at den var affektert. – Fischer svarte at den var helt naturlig for ham. Og Storm bemerket at det var en uttale som ikke kunde være naturlig for nogen medmindre han var født i Hannover, hvortil Fischer spakfærdig bemerket: »Men jeg er født i Hannover.« Hans far praktiserte der som arkitekt før han slog sig ned i Bergen.

En annen historie visste å berette om en student fra Sogn, hvis uttale av fransk var en levende lidelse for Storm. »De må øve Dem hjemme,« sa Storm. »De må tage disse lydene om og om igjen.« »Da e so vanskjelegt,« sa studenten. »Hvorfor det da?« spurte Storm. »Jau, eg kan berre lesa fransk på fastande hjarte,« sa sogningen. »Hvad i all verden skal det si?« spurte Storm. »Jau, for elles kjem eg ovilkorlig te å spy!«

Storm blev målløs.

Og imidlertid hakket hans elever sig frem gjennem »Hamlet«.

Studenten husker en dag da den fine gamle herre blev synlig nervøs og rødmet på kateteret. – Så steg han ned og kom bort og hvisket nogen ord til den som leste Hamlets rolle. Det var i 2nen scene av 3dje akt hvor Hamlet sier til Ophelia: »*That's a fair thought to lie between maiden legs.*« Og Storm hvisket at han måtte springe over den repliken, for det var damer tilstede. [...] Hamlets replik blev ikke lest.[270]

10. Storms lærlinge

10.1. Uklare eksamenskrav

Sandved har indgående behandlet en række spørgsmål der knytter sig til de engelskstuderende under skiftende studieordninger i tiden 1874-1943, nemlig: 1) Hvor mange valgte engelsk? 2) Hvilke fagkombinationer havde de engelskstuderende? 3) Hvad brugte de deres uddannelse til? 4) Hvem var de? En tanke der melder sig her er: Hvordan var studievilkårene i Storms tid? Også her giver Sandved nyttige fakta, omend man som bemærket af Langholm[271] og af Nielsen,[272] nok kunne ønske sig flere oplysninger. Her synes at forestå et større arbejde med undersøgelse af de erindringer som periodens filologer måtte have efterladt sig.[273] Men også viden hos andre med tilknytning til universitetet vil kunne være interessant i denne forbindelse. Robert Marc Friedman har her gjort opmærksom på den (ikke sjældent oversete) store gruppe der har arbejdet ved universitetet med andet end undervisning og forskning: »Custodians (*Vaktmestrer*), cloakroom ladies (*garderobedamer*), secretaries, clerical help, laboratory technicians or mechanics, librarians (trained and untrained), cooks, and a myriad of other employees have shared the university as a work place with professors and students.«[274]

Det er værd at bemærke at der for det historisk-filosofiske fakultet i 1870'erne, så vidt det kan konstateres, ikke har eksisteret nogen officiel studieplan eller bestemmelser om pensa. I de indledende bemærkninger til sin *Engelsk Filologi*[275] omtaler Storm det forhold at der ved studiet til den nye sproglig-historiske lærereksamen der blev indført i 1871, og fulgt op af et reglement i 1872, har »raadet nogen Uklarhed« om hvor meget der kunne kræves af kandidaterne, og hvordan studiet bedst kunne lægges til rette. Svaret, siger han, »kunde alene gives ved Erfaringen«. Nu er der høstet nogle erfaringer, og derfor har han fundet det »hensigtsmæssigt« at udsende sin bog som en form for vejledning i selve sprogstudiet, men hvad der derudover har foreligget, også i den kommende lille snes år, synes dunkelt.

Utilfredsheden kommer til udtryk nærmere århundredskiftet. I

1894 erklærer August Western i en artikel at »Vi, som tilhører det første kuld af dem, som har underkastet sig den sproglig-historiske lærereksamen efter den nuværende ordning, ved af egen erfaring, hvormegen tid der kunde spildes, fordi vi ikke vidste, hvad eller hvorledes vi skulde læse«.[276] Hvad der har eksisteret synes blot at være en uskreven praksis. I 1897 kom der en ret detaljeret *Studieplan for alle fakulteter*, udarbejdet af »en komité og gjennemseet af universitetslærere« og udgivet »efter foranstaltning af Frisinnede Studenters Forening«. Først i 1898 kom der i forbindelse med en ændring af reglementet for den sproglig-historiske lærereksamen en pensumliste med ret nøjagtige krav i engelsk litteratur, men ikke i de sproglige discipliner og samfundsforhold. Oplysningerne i den nævnte *Studieplan* er følgelig særlig interessante som kildemateriale og vies da også en særlig omtale hos Sandved.[277]

Hvor påfaldende forholdene i Kristiania omkring århundredskiftet kunne føles af en studerende, beskriver C. J. Hambro med ord der bringer tanken hen på en virtuost intens romanskildring af byen som den kunne føles af en student et par tiår senere – »denne byen, som efter flere år fremdeles var lukket og fremmed«:[278]

> Universitetet gjorde ingenting for studentene, [...] Der var to verdener, professorenes og studentenes; og alle de utenbys studenter var fremmede i en fremmed by som ikke åpner nogen gjestfrie porter for dem. Ikke underlig at hundreder av studenter efter endt studietid er reist fra universitetet med et dypt nag til en hovedstad som ikke viste dem nogen omtanke, og av hvis liv de aldri blev en del.[279]

Han fæstner sig også ved den manglende aldersgrænse og de slette pensioneringsforhold, der tvang professorer til at fortsætte for længe, og ved deres ringe løn, der bevirkede at

> mange af dem blev åndelig utslitt av ekstraarbeide de måtte ta; det var kanskje en hovedårsak til at de ikke kom i noget nærmere forhold til studentene.[280]

I Storms breve til Thomsen ser vi ikke sjældent vidnesbyrd om den anstrengte økonomi.

Et eksempel som det følgende kunne tyde på at Storm i en periode – af hensyn til fagligt arbejde – har måttet undlade at påtage sig det sædvanlige nødvendige ekstraarbejde og/eller har haft ekstraordinært store udgifter:

Jeg sender dig et Aftryk af et Referat af et Foredrag jeg holdt forleden Dag. Jeg havde nemlig gjort saa mange Opofrelser for at kunne ofre min Tid til norske Dialekter, at jeg blev aldeles bankerot, og saa fandt jeg paa at holde et Kursus populære Foredrag om Sprog og Dialekter, og det gik over Forventning, jeg har havt næsten 200 Tilhørere og *tjent* (er det sandt, at det paa Dansk kun heder *for*tjene Penge?) c. eller noget over 700 Kr. netto, hvilket lykkelig har reddet mig udaf alle mine smaa Forlegenheder. Jeg tænker senere at fortsætte denne Trafik for efterhaanden at blive kvit min Gjæld.[281]

10.2. Storms vejledning af de studerende

At dømme efter Hambros beskrivelse har der ikke omkring århundredskiftet været megen studievejledning at hente fra Storm selv. En dag, beretter han, opsøgte han Storm for at spørge ham om hvordan han skulle tilrettelægge sit filologiske studium. Han »blev overmåde elskverdig mottatt av den fine gamle herre i hans arbeidsværelse i det gamle hus i Kirkeveien hvor han bodde«, og aldrig ville han komme til at glemme »Storms uforbeholdne og umådelige forbauselse« da hensigten med besøget gik op for ham:

Storm så på Studenten, nesten smertelig berørt, og sa: »Men hvorledes skulde jeg kunne vite det! De får spørre nogen av dem som har tatt embedseksamen i de senere år. Kanskje de kunde vite noget om det.«[282]

Hjalmar Falk (1859-1928), der blev student i 1876, tog embedseksamen i 1882 og i 1897 blev professor i germansk filologi, skrev i 1921 en nekrolog over Storm. Her fremstår universitetstiden hos Storm nærmest som et antiklimaks i forhold til skoletiden, hvor Falk også havde oplevet Storm, omend universitetsårene rummede et lyspunkt:

Både gjennem en mangeårig lærervirksomhet og som medlem av Undervisningsrådet arbeidet Storm for en forbedret undervisningsmetode. Nedskriveren herav kan av egen erfaring bevidne at Storms undervisning artet sig som noget av en åbenbaring for hans elever. I forhold hertil blev det litt av en skuffelse å høre ham ved Universitetet. Storm var ingen taler og virket ikke inspirerende. Han imøtekom aldri de unges trang til å finne sammenheng og almindelige prinsipper i sprogutviklingen. På innholdet av dikterverkene ofret han ikke en bemerkning; hadde det ikke været for den kunst hvormed han leste op, skulde man trodd at han var uten interesse for det. Når han allikevel skapte liv omkring sig, kom det av at han vakte vår sans for egen iakttagelse, for å bruke våre øine og ører, kort sagt for selvvirksomhet.[283]

Falks bemærkning i slutningen af nekrologen, at »Storm var en stillfarende mann, som nødig optrådte offentlig uten gjennem sin penn«, rimer meget vel med det indtryk som hans breve til Thomsen efterlader. Flere gange giver Storm udtryk for at det der ligger ham mest på sinde er at kunne være forfatter. Således allerede i 1873, da han skal indlede sit arbejde som professor:

Det er i og for sig kun en sekundær Kilde til Glæde for mig, at jeg nu har faaet min Udnævnelse til Professor; det er en absolut Trang for mig at føle, at jeg gjør Nytte for mig; Forelæsningerne tilfredsstille mig ikke; jeg trænger til at producere Noget.[284]

Nogle år senere giver han Thomsen et råd:

Arbeid ikke formeget med Forelæsningerne, det lønner sig neppe; leg heller din Hovedkraft paa Forfattervirksomhed. Jeg anvender i Reglen kun en Times Tid om Dagen til Forelæsninger, og bruger Resten af Dagen til mine egne Arbeider, jeg finder at dette i Længden er mere frugtbart ogsaa for Forelæsningerne.[285]

Fandt Falk Storm uinspirerende som forelæser, gjorde Western det ikke mindre, men han fandt det samme smukke træk som Falk:

Storm gjorde mindre av sig som foreleser. Han manglet Sophus Bugges evne til å gi de store utsyn og likefrem elektrisere sine tilhørere. Han var derfor heller ingen taler. Men på ett punkt hadde han, også når han stod på katedret, en fremragende evne: han var en glimrende opleser. Hans måte at lese Shakespeare på må nærmest kalles kunst.[286]

Western er også inde på berøringen mellem Storm og hans studerende. Som menneske, siger han, var Storm »en noget innadvendt natur«, som nok i begyndelsen kunne synes streng, »og mangen ung student var kanskje nær ved å tape motet når han blev gjenstand for Storms kritikk«. Men, fortsætter Western, kom man i berøring med ham som privatmand derhjemme, oplevede man snart »under det noget tilknappede ydre [...] et varmt, ja næsten ømt hjerte«.[287]

10.3. Hjælp fra indfødte lærere

Som vi netop har set, fæstnede Falk sig derved at nok var der en del at kritisere Storm for, men at han på den anden side havde en evne til at vække studenterne til selvvirksomhed. For nogle resulterede vækkelsen imidlertid i frustration. »Den studerende gaar«, skrev en kandidat, H. A. Var, i 1894, »bort fra studiet af sproggruppen engelsk og fransk mere med vækkende impulser og udmerkede raad end med følelsen af evne til praktisk at udøve alt det gode, han har hørt om«.[288] Den direkte anledning var denne: Var konstaterer de større krav der nu stilles til læreren fordi nutiden, »og med rette, [kræver] en ganske anderledes god udtale og en ganske anden evne til at haandtere det mundtlige sprog end fortiden«. Derfor vil det være bedst at læreren har boet en tid i udlandet; men »den norske filolog er i almindelighed ingen pengemand«, så det er »virkelig haardt at forlange, at han efter sin lange og kostbare uddannelse endnu skal skaffe sig midler til et ophold i udlandet«.[289] Universitetet byder på utilstrækkelig undervisning til forbedring af sprogfærdigheden, mener Var. Der arrangeres »af og til, men ogsaa kun af og til og det i meget liden udstrækning, mundtlige øvelser i engelsk og fransk.«[290] Kandidaterne føler sig utilstrækkelige og, fortsætter han: »Meget maa her vistnok tilskrives eksamensordningen, men langtfra alt.«[291] Engelsk og fransk har kun »en eneste repræsentant, rigtignok en mand der fremfor nogen anden i vort land har fortjenesten og æren af at have arbeidet for en reformeret sprogundervisning«, og dette er »for lidet, selv om manden er prof. Joh. Storm«, om hvem det gælder at »arbeidet overstiger hans kræfter, og hvor meget han end søger at uddanne den studerende praktisk, maa der dog nødvendigvis blive mange og væsentlige savn«.[292] Løsningen er, finder Var, at universitetet knytter »indfødte lærere i moderne sprog« til sig,[293] og han henviser her til universitetet i Berlin, hvis program ved en gennemlæsning »fremkalder højst sørgelige sammenligninger« med forholdene i Kristiania.[294]

Af Storms svar fremgår det at han ikke er uenig med Var. Han påpeger at Var ikke behøver at spejde så langt som til Berlin efter en udmærket ordning; en sådan findes nemlig i Uppsala, hvor der en tid virkede en englænder som Storm gerne havde set ansat i Kristiania;[295] og han minder om at han selv »allerede i 1886« foreslog ansættelse af indfødte sproglærere til filologernes »fornødne *praktiske* Uddannelse«,[296] og at ideen forgæves blev fremført igen året efter. Han nævner ikke hvad han så tidligt som i 1879 siger om sagen i sin *Engelsk Filologi.* Her er han i høj grad opmærksom på problemet:

Dels taler han, som vi har set ovenfor (s.53), i *indledningen* til bogen nok om det ønskelige i at få timer hos »praktiske, helst indfødte Sproglærere«, men også om at praktiske øvelser ved universitetet »selvfølgelig kun [kan] blive en Bisag«;[297] der skal praktisk »Indøvelse« til, og »en saadan kunde vistnok drives i et filologisk Seminarium, men ikke ved Universitetet.«[298] Dels mener han i *fortalen* at universitetet ville kunne hjælpe de studerende ved at lønne »et Par dannede Udlændinge, som frembød de ønskelige Garantier«,[299] og henviser til at der ved flere udenlandske universiteter findes »sådanne praktiske Seminarier«. Både herigennem og gennem rejsestipendier[300] vil det være muligt »hos de Studerende at udvikle et levende Kjendskab til de fremmede Sprog, bibringe dem Færdighed, Sikkerhed og Sprogfølelse, og føre dem ind i Sprogenes Aand«.[301]

Universitetet skal således, tænker Storm sig, betale de indfødte lærere der skal undervise under en eller anden form for tilknytning til universitetet; man synes at spore Storms usikkerhed om det organisatoriske: det ene øjeblik »ikke ved« universitetet, det andet øjeblik »ved«. Tydeligvis er det videnskabsmanden Storm der her taler: Nok er det vigtigt med de praktiske færdigheder (»jo dygtigere de Studerende er i det praktiske, med desto større Frugt vil de kunne drive videnskabelige Undersøgelser«), men »der maa advares« mod »Betragtningen af det praktiske som det eneste fornødne«.[302]

Hvordan gik det da med planen om ansættelse af indfødte lærere? Den blev til virkelighed i 1897, da bl. a. englænderen Sidney Thurgood (f. 1854) blev ansat; Thurgood var en af de »3 lektorer« der fra det år »ledede den praktiske sprogundervisning« (en i engelsk, en i fransk og en i tysk).[303] Sandved, der flere steder er inde på Thurgoods virke, konstaterer ud fra hans undervisningsrapporter at »Thurgood [...] brukte halvparten av sin undervisningstid til 'begynnerundervisning'«, idet han antager at der blandt de studenter der fulgte Thurgoods timer »fantes noen uten forhåndskunnskaper i faget« – en formodning han bygger dels på arten af de anvendte lærebøger, dels på den omstændighed »at det helt frem til 1903 var mulig å ta *examen artium* uten engelsk«.[304]

Med ansættelsen af Thurgood i 1897 var Norge langt tidligere fremme end Danmark: I sin anmeldelse af Sandveds bog konstaterer Jørgen Erik Nielsen at engelskfaget ved Københavns Universitet først fik en indfødt lærer i 1929; ganske vist var Jespersens forgænger, George Stephens, skotte, men – som Nielsen tørt bemærker – »he was the entire staff in those days, i.e. till 1893«.[305] Et forsøg på en diskussion af emnet i 1902 resulterede således ikke i nogen sanering af forholdet. Det var Gerson Trier der havde bragt emnet på bane på mødet i De lærde Skolers Lærerforening, hvor han, som vi så tidligere (s. 84), også plæderede for ansættelse af indfødte lærere ved skolerne. I lighed med Storm, der kun ønskede at ansætte »Udlændinge, som frembød de ønskelige Garantier«, stillede Trier visse krav: »Selvfølgelig skal det ikke, som man undertiden hører er Tilfældet ved den private Undervisning, være fallerede Købmænd og Barberer og andre saadanne Folk«.[306] Triers skarphed var iblandet et vist mål af diplomati: »Det er ikke min Mening dermed at sige at Fejlen ligger hos de Universitetslærere, vi har. De er saa optagne af det Stof, der nødvendigvis skal bibringes Studenterne inden for de forskellige Sprog, at man ikke kan forlange, at de i nogen større Grad skal optræde som virkelige Lærere i at tale det levende Sprog. Men forlanger vi, at vi i Skolen skal komme ind paa at tale til Eleverne og de til os, maa vi saa meget mere forlange, at der skal være Universitetslærere, som uddanner Lærerne i, hvorledes Sprogene tales, saa vidt de kan lære det.«[307] Jespersens reaktion var en blanding af skepsis og velvilje. Nok må han have været enig i den tilgrundliggende tanke som Storm havde udtrykt i 1879: »Vi ønske ikke en upraktisk, til intet Maal førende Videnskabelighed, men et saadant Studium af Sprogvidenskaben, som kan lette Forstaaelsen og Tilegnelsen af det nuværende Sprogs Fænomener«;[308] men der var ikke hos Jespersen den store tiltro til nytten af indfødte universitetslærere (»det er maaske ogsaa lidt tvivlsomt, om de gør saa stor Nytte, hvor man bruger dem«), omend han da ville være »den første til at byde dem Velkommen« hvis der blev råd til dem på universitetet. Som det var for øjeblikket, tilføjede Jespersen, havde universitetslærerne nok at se til med dagen og vejen: »Vi skal docere baade moderne Sprog, Middelengelsk, Oldengelsk, Sproghistorie, Litteraturhistorie, fremdeles sætte de studerende ind i Litteraturen, [...]«.[309]

Tolv år senere havde Jespersen overgivet sig til Storms tanke. I sin artikel »Universitetsønsker« i 1914 beklagede han at en forsvarlig undervisning i de nyere sprog ikke kunne stilles op med de forhåndenværende lærerkræfter, »og«, fortsatte han, »så har jeg endda slet ikke nævnt det krav, vi har på at få udenlandske lektorer i de tre hovedsprog til at hjælpe de danskfødte universitetslærere, således som man har det ved næsten alle universiteter«.[310]

10.4. August Western og Hans Edvard Torkildsen

De beretninger vi har set fra Hambro og fra Falk kunne tyde på at studenterne har haft det hårdt.[311] Jeg nævnte tidligere at de erindringer og deslige der måtte foreligge fra datidens filologer og andre med tilknytning til universitetet, må påkalde sig særlig interesse. Men nu dem der gav op? Hvad blev der af dem? Blev det til et knæk for livet? Eller gik det dem godt i en anden profession? Fik nogle af dem sidenhen nedfældet deres memoirer? Man spørger sig selv om hvor meget interessant materiale der mon foreligger.

I den modsatte ende, blandt studenterne som drev det vidt i filologien, er August Western (1856-1940), som vi det foregående har truffet kort, et strålende eksempel inden for engelsk. Han er ekstra interessant ved at have ydet det usædvanlige på sine felter uden at have haft en stilling med ret og pligt til at drive videnskab. Vi traf ham først ovenfor i omtalen af reformbevægelsen. Da *Quousque Tandem* blev stiftet i 1886, var Western tredive år gammel.

Han havde taget sin embedseksamen i 1879 med fagene norsk, tysk, engelsk og fransk, blev i 1881 ansat som lærer ved Fredrikstad kommunale højere almenskole og udnævntes i 1910 til rektor ved denne skole. I denne stilling fortsatte han til 1926, hvorefter han som pensionist blev boende i Fredrikstad indtil sin død i 1940. Hans produktion inden for engelsk er betydelig. Foruden forskellige bidrag til forbedring af sprogundervisningen præsterede han i 1893 en disputats om bisætningerne i engelsk og senere en række yderligere arbejder – alle skitseret af Sandved.[312] »Likevel«, bemærker Einar Lundeby

Ill. 19. Den norske anglist, rektor dr. philos. August Western (1856-1940) (s. 98ff.). Fot.: Gustav Larsen Sollem, Fredrikstad 1921. Med venlig tilladelse fra Nationalbiblioteket i Oslo.

i *Norsk Biografisk Leksikon,* »er det med sine studier i *norsk* språk W. har gjort sin vitenskapelige hovedinnsats.«[313] Imponerende er det at Western – foruden praktisk skolegerning, organisationsarbejde og slid med en lang række bidrag til sprogpædagogik og til engelsk og norsk sprog – fik tid til mange offentlige hverv. Lundeby nævner at han »var medlem av Fredrikstad kommunestyre i flere perioder, 1911-13 også av byens formannskap. Videre var han medlem av og en tid formann i Fredrikstad skolestyre, medlem av styret for flere yrkesskoler, i årevis formann for Arbeiderakademiet og Folkebiblioteket.«[314] Western skulle tidligt blive en god ven af Jespersen. Af Jespersens selvbiografi, hvor han omtaler Western flere gange, fremgår det at de første gang kom i kontakt med hinanden omkring 1884, da Jespersen i sine studieår anmeldte et par af Westerns publikationer,[315] og – som Jespersen bemærker – »venskabet med ham har nu holdt sig i over halvhundrede år.«[316]

Det er ikke her stedet at give en indgående skildring af Western, men et enkelt forhold bør fremhæves: At Western, som vi så Lundeby pointere, trods sit omfattende engagement i fremmedsprogsundervisning først og fremmest er modersmålets mand, ses ikke blot i hans produktion om norsk sprog. Det fremgår tillige af nogle interessante bemærkninger han i slutningen af 1890 fremsætter til en beretning i *Aftenposten* om et forsøg i tysk »ved den Palmgrenske samskole i Stockholm«. Forsøgsvis – og med stort held – lod man her en tyskfødt lærerinde, frk. Stockhausen, stå for faget tysk fra hvad der svarer til almindelige skolers første klassetrin. »Viste det sig, at man i tysktimen let fik börnene til at forstå talesproget og endog selv udtrykke sig deri, så kunde samme nu oparbeidede evne anvendes i et andet læsefag, og man valgte geografi, hvori nævnte frk. Stockhausen underviser fra 7:de klasse [dvs. almindelige skolers 4. klasse]«. Western meddeler at han har overværet geografiundervisningen og har fundet metodens sproglige resultater fortræffelige: »ret frygtlöst lod de sætningerne rulle, selv om der kom et »mich« for »mir« eller et »der« for »die«. [...] Besværede af at skulle svare på det fremmede sprog syntes de ei at være«. Men samtidig med Westerns anerkendelse af resultaterne kommer hans reservation tydeligt frem:

Dette at la også andre fag tjene den fremmedsproglige undervisning kan vi ikke billige. Alle andre fag tilhörer i sproglig henseende udelukkende morsmålet, og det er en forsyndelse mod dette at benytte et fremmed sprog ved undervisningen i noget af dem. – Skal geografilæreren få lov til at undervise på tysk, så indsees det ikke, at man kan negte f. eks. historielæreren at undervise på fransk eller religionslæreren på engelsk. Men fölgen heraf kunde jo bli, at morsmålet tilsidst fik nöie sig med de få det specielt tillagte timer. Med al vor iver for en forbedret sprogundervisning, må vi bestemt hævde, at *morsmålet er og blir skolens vigtigste fag.* – Ligeoverfor det fölgende finder vi det nödvendigt at gjöre denne reservation, i det vi bedömmer det som sprogundervisning, ikke som geografiundervisning.[317]

Et andet eksempel på en bemærkelsesværdig karriere fremgår af følgende:

I 1902 dukkede der en bog op i Kristiania med titlen *De engelske Præpositioner. En praktisk, systematisk Fremstilling af deres Brug i det moderne Sprog.* Forfatteren var Hans Edvard Torkildsen (1863-1943), der på titelbladet præsenteredes som »overlærer, skolebestyrer«. Det var en bog på godt fire hundrede fyldige sider, spækket med tusindvis af nøje dokumenterede eksempler på præpositionernes anvendelse, smukt ordnet, med grundige betydningsmæssige kommentarer og med den ene krydshenvisning efter den anden. Af forordet fremgik det at Torkildsen boede i Hammerfest, og man kunne læse bl.a. følgende:

Idet jeg vover at fremlægge nærværende arbeide for offentligheden, vil jeg bede taget i betragtning de særegent vanskelige forhold, hvorunder det er blevet til. Alene, fjernt fra adgang til hjælpemidler og med kun knapt tilmaalte fritimer, har jeg møisommelig maattet lægge sten paa sten. ...

Hvad der nu mest er mig om at gjøre, er at faa udtalt en varm, hjertelig tak til hr. prof. *Joh. Storm* for alt, hvad han har gjort for mig, for hans opofrende hjælp, for hans trøst og opmuntring, for hans velvillige dom. Han har med den store mands overbærende syn kunnet vurdere en ærlig stræben, og derfor vil jeg aldrig kunne glemme den tak, jeg skylder ham. [...].

Hvad vi ved om Torkildsen, som var født i Ramnes, Jarlsberg (nu Vestfold fylke), er at han tog artium i 1881 fra Gjertsens skole i Kristiania[318] og i 1889 sproglig-historisk lærereksamen med bl.a. engelsk og fransk, og da først virkede tre år ved Valdres kommunale skolevæsen. Derefter fulgte fra 1893 en halv snes år som skolebestyrer ved Hammerfest kommunale middelskole,[319] hvor han blev betragtet som en gevinst for skolevæsenet. I 1903 kom han til Kristiansund som overlærer ved byens offentlige højere almenskole. Her var han fra 1918 til 1933 – i kraft af en kombination af den solide fagkyndighed han havde erhvervet sig under Storms ledelse og vel bevidnede gode personlige egenskaber – en særdeles højt estimeret rektor.[320] Hvad vi ikke ved, er hvorfor han ikke forfulgte en karriere som forfatter i anglistikken. Var det kun fordi hans hu mest stod til skolearbejdet? Eller var der andre grunde? Man kan mene at det er mindre væsentlige spørgsmål, og at det afgørende er at skolevæsenet blev beriget gennem ham. Alligevel finder jeg det lidt bemærkelsesværdigt at denne elev af Storm pludselig, efter en givetvis krævende indsats i skolens daglige liv og efter i årevis fjernt mod nord møjsommeligt at have lagt »sten på sten«, publicerer et helt usædvanlig godt stykke botaniseringsarbejde i moderne engelsk og siden intet.

11. Storm og fonografen

Det er nærliggende at se sig om efter optagelser af Storms stemme, men her er vi i en ejendommelig situation. I sin tobindsudgave af *Englische Philologie* (1892-96), altså små tredive år før sin død (1920), er Storm opmærksom på de muligheder Edisons opfindelse, fonografen, frembyder. Han er godt klar over at en fremstilling af tonegangen i et sprog kun tilnærmelsesvis lader sig fremstille i nodeskrift:

Es ist zu bemerken, dass die Tonarten des Redetons nicht genau den Tonarten unserer Musik entsprechen; sie sind ähnlich, aber nicht so einfach, mathematisch bestimmt, sondern unendlich komplizierter, mannichfaltiger, dazu immer wechselnd, indem der Redende unbewusst, seiner augenblichlichen Stimmung gemäss, jeden Augenblick die Tonart ändert. Mann kann diese Mannichfaltigkeit eben nur andeuten. Man wird den Charakter der sprachlichen Musik kaum vollständig ergründen können ohne Hilfe des *Phonographen* oder ähnlicher Instrumente, welche die Tongleitungen vollständig darstellen, messen und registrieren.[321]

Storm forklarer hvorledes gengivelsen i det store og hele er forbavsende tro og fortæller at han i nogen tid har kunnet udføre eksperimenter med instrumentet:

Ich habe mit einem solchen hier in Christiania einige Zeit Experimente machen können; ich habe schwierige norwegische Dialektproben und andere Sprachproben darin gesprochen, und jeden Laut, jeden Ton mit den feinsten Modulationen absolut genau reproduzieren hören.[322]

Men den ironiske kendsgerning er at intet heraf synes bevaret.[323] Norges fremmeste fonetikers stemme synes således at være gået tabt. Hvad angår Jespersen, som levede 23 år længere end Storm, er forholdet kun lidt gunstigere: foruden en grammofonoptagelse fra 1913 og et interview i Statsradiofonien fra 1941[324] findes tilsyneladende blot en enkelt fonografisk optagelse fra omkring århundredskiftet. Dette kan synes særligt påfaldende, idet Jespersen var tidligt med på ny teknik (f. eks. købte han sin første skrivemaskine i 1891 – »et særsyn i alt fald i den lærde verden«[325] – og i 1897, to år efter røntgenstrålernes opdagelse, foretog han fonetiske eksperimenter med Kommunehospitalets nyanskaffede udstyr[326]). Han var meget opmærksom på de muligheder lydoptagelser frembyder. Sproghistorikeren, siger han, når ved slid og slæb til at fastslå ikke så ganske lidt om svundne sprogtrins udtaleformer, »ja endog om sådanne ting som tryk og tonefald,« men »meget er naturligvis usikkert, og sproghistorikeren ville langt hellere have en grammofonplade fra Gorm den Gamle end Jellingestenens runer. Hvad ville vi ikke give for at kunne høre Holbergs eller Shakespeares stemme! Vi kan da misunde fremtidens sprogmand, som ved selvhør kan forfølge talesprogets ændringer fra årti til årti, fra århundrede til århundrede.«[327] Og helt bortset fra det sproghistoriske – kunne man bemærke i forlængelse af Jespersens ord – hvad ville vi ikke give for et interview med Storm om hans livserfaringer.

Om der er foretaget forsøg med fonografen i norske skoler omkring århundredskiftet, ved jeg ikke. På dansk grund er *Beretning om Mødet i 1906* fra de højere almenskolers lærerforening interessant ved sin gennemgang af en demonstration af fonografens anvendelsesmuligheder i sprogundervisningen og ved sit referat af en følgende livlig diskussion, hvori Jespersen deltog. Referatet er også bemærkelsesværdigt derved at der i forbindelse med »Talemaskinens Anvendelse i Sprogstudiets Tjeneste« nævnes tidligere eksperimenter og artikler om emnet samt »Professor Jespersens Forsøg ved Universitetet.«[328] At dømme efter Jespersens bemærkninger på mødet synes der dog her blot at have været tale om brug af fonografen i beskedent omfang, »væsentlig for at vænne Studenterne til at høre og opfatte Forskelligheder i engelsk Udtale, til selv at gaa paa Opdagelsesrejse inden for dette Omraade, og det har vist sig meget frugtbringende. Jeg har desværre ikke haft Tid til at gøre saa meget ved det, da vi ved Universitetet har andre Ting at tage Vare paa. Jeg har blot ønsket her at give min velvillige Stemning overfor denne Sag Udtryk«.[329]

Som det er fremgået, har Storm i lighed med Jespersen været vågen over for den nye teknologis muligheder, men ingen af dem synes at have forfulgt anvendelsen af fonografen og grammofonen i synderligt omfang. En af forklaringerne herpå kan være Storms alder (han var 64 ved århundredskiftet) og Jespersens kolossale travlhed med at skri-

Ill. 20. Den britiske fonetiker Daniel Jones (1881-1967) (s. 106 ff.).
Fot.: Elliott & Fry. Ca. 1920. Privateje.
Med venlig tilladelse fra Mrs Michelle Stanbury, London.

ve lærebøger sideløbende med sin øvrige, vidtspændende og dybtgående, produktion. Et indtryk af Jespersens interesserigdom får man ved at betragte Gorm Schou-Rodes[330] omfangsrige, kronologisk ordnede bibliografi over hans godt og vel 800 arbejder. Ved deres beherskede beskæftigelse med stemmeoptagelsers mulige anvendelse i fremmedsprogsundervisningen afviger Storm og Jespersen[331] markant fra den senere britiske fonetiker Daniel Jones (1881-1967) (*Ill. 20*). Jones, hvis optagethed af praktiske nyttehensyn i sit arbejde mærkværdigvis blev iagttaget med et kritisk blik af en »så temmelig forarget« Jespersen, mindede om Storm ved sit sprogøre og sine artikulatoriske talenter, der er bevidnet i rigt mål; således f. eks. af Eva Sivertsen: »He had a remarkable command of his own speech apparatus, and a very sharp ear for slight differences in sound quality and quantity.«[332] Ikke mindst gennem sit omfattende samarbejde med Linguaphone og med BBC[333] – vel at mærke udsprunget og til stadighed næret af en livslang beskæftigelse med »den rene lære«, nemlig fonetik – skulle Jones blive et af de største navne i både fremmedsprogsundervisningens og fonetikkens historie: Flere generationer af passionerede engelskdyrkere vil tænke på ham i taknemlighed, især for hans to perler af en bog, der da også i Oslo med Studieplanen af 1922 for engelsk[334] skulle komme til at figurere blandt de anbefalede bøger, nemlig *An English Pronouncing Dictionary* (1917), hvor Jones bruger udtrykket »en 'living phonograph'« om sig selv,[335] og *An Outline of English Phonetics* (1918).[336] Collins & Mees giver i deres skelsættende værk om *the Real Professor Higgins* en fremragende redegørelse for hans karriere og udfolder et fængslende detektivarbejde for at vise mulige forbindelseslinjer mellem Jones og professoren i Bernard Shaws skuespil *Pygmalion*.

Havde Norges »levende fonograf« med sin ypperlige evne til at registrere og reproducere de fineste nuancer i talesproget haft sin eftertids tekniske faciliteter til rådighed, er der al grund til at formode at vi ville have fået endnu flere inspirerende analyser fra ham. I sin *Englische Philologie* (1892-96) bemærker Storm at han i 1890-91 flere gange har hørt gøgen kukke i d moll,[337] men det blev ikke ved gøgen: Interesserede læsere behøver blot at betragte de her reproducerede ark (*Ill. 21*) fra samme værk, hvor Storm i detaljeret musikalsk notation – der omfatter nærmest alt fra halvtoneskridt via f. eks. kvarter, kvin-

218 Allgemeine Phonetik.

Ich möchte die Töne von *good-bye* so darstellen.

1. good-bye oder good-bye. 2. good - bye oder good - bye.

Bei Wörtern des Abschieds wie *good-bye, good-night* finden sich zwei Hauptarten des Ausdrucks, mit verschiedenen Varietäten. 1. schliesst steigend, hat ermunternden Ausdruck; dies ist die freundlichste Art. 2. verweilt auf unabgeschlossenen Tönen und hat einen gleichgültigeren Ausdruck.

Über französischen Tonfall und Stimmlage ist schon oben so viel gesagt worden, dass ich mich verhältnismässig kurz fassen kann, indem ich noch einige typische Proben hinzufüge, um das Bild etwas vollständiger zu machen.

Französischer Tonfall.

Ces gens n'sont pas v'nus au spectacle pour vous entendre! J' l'ai bien en - ten - du,

Ruhig.

mais je n' l'ai pas vu. Tu m'assisteras? C'est en - ten - du.

Omnibuskondukteur.

C'est en - ten - du[1]. Très bien! très bien! complet! oder complet! vraiment?

Ernst versichernd. Rhetorisch. Ton des Vorwurfes (Poirier I, 5; s. S. 192).

Sur l'honneur! Sur l'honneur! Vous êtes in-juste, mon père, mon mari

Anfang einer Rede. Ruhig, höflich.

à ses convictions! Mesdames! Messieurs. Bonjour madame! Bonjour monsieur!

[1] Gendre de M. Poirier I, 2. Le Duc. T'a-t-il envoyé ses témoins? Gaston. Je les attends ... Tu m'assisteras avec Grandlieu? Le Duc. C'est entendu.

Französischer Tonfall. 219

Entschieden. Resigniert. Halbe Einräumung.

On peut entrer? Non! allons! c'est bien! oui! oder oui! (= ce n'est pas mal.)

Sätze wie *c'est embêtant, c'est dégoûtant, c'est ennuyeux* habe ich auf wenigstens 4 oder 5 verschiedenen Melodien sprechen hören, vgl. oben zu Passy.

Bekräftend.

1. C'est embêtant! 2. C'est dégoûtant! 3. C'est embêtant[1].

Stärker.

4. C'est embêtant[2]. oder Oh! c'est embêtant.

Italienischer Tonfall.

Buon giorno; come stà? Buon giorno signore bene grazie; e lei?

ma - non c'è ma - le. Si, eh? Se non è ve - ro, è ben tro - va - to.

Auf der Eisenbahn.

Em - po - li! Si fer - ma cin - que mi - nu - ti! Par - ten - za!

P. Mi - se - ri - cor - dia! cos' ha, signor padrone? A. nien - te, nien - te.

P. Come, nien - te? La vuol dare ad in - ten-de-re a me? Così brutto com'è?

[1] d. h. ah, oui, c'est embêtant.

[2] d. h. ah, ne m'en parlez pas, c'est embêtant.

220 Allgemeine Phonetik.

Feierlich.

Qualche gran caso è avvenuto![1] Ecco: se il tempo è buono, par - tite;

se il tem - po non è buono, non par - ti - te.[2]

Spanischer Tonfall.

Buenos dias a - mi - go, ¿como lo pasa usted? Bien, hombre, bien.

Beim Abschied.

Pues nada, ¡a-dios! Me lo di - jo, y efec - ti - va - ménte, así andó.

Altes Weib zu Kindern.[3] Feierlich.

¡Carambita! que guapitos que sois, ¡niños! A. ¿Con per - miso de usted? B. Vaya usted

Im Theater.

con Dios[4]. X. ¿Parece que cuesta tra - bajo? S. ¿Qué cuesta tra-bajo? X. ¡Contestar![5]

Sinibaldo de Mas, *Sistema musical de la lengua castellana.* 4ª ed. Paris, Baudry, 1847. Der Verfasser ist in einzelnen Beziehungen

[1] Manzoni, Promessi Sposi, Cap. I (Don Abbondio, Perpetua).

[2] In Pompei ratschlagten Dr. Thomsen und ich, ob wir am folgenden Morgen nach Sorrent reisen sollten oder nicht. Unser Wirt schlug uns triumphirend die obige glänzende Lösung der Frage vor. Die Melodie ist mir noch nach 20 Jahren gegenwärtig.

[3] Von mir in Madrid gehört.

[4] Frage und Antwort beim Vorübergehen.

[5] In den ersten Tagen meines Aufenthaltes in Madrid, als ich noch in der Sprache wenig Übung hatte, redete mich im Theater ein Billeteur, dem ich nicht schnell genug antwortete, etwas unfreundlich an. Die Worte und der Ton prägten sich in mein Gedächtnis ein. Man bemerke den zweigipfligen Accent auf der letzten Silbe, vgl. *Rom. Quant.*, Phon. Stud. II, 148. Ein solcher Accent kommt bisweilen auch im Frz. vor, mit dem Ausdruck des unwilligen Einwandes. So habe ich Got sagen hören: Je sais très bien que vous me tenez pour un très petit *personnage* ... mais ... (Gendre de M. Poirier III, 2).

Ill. 21. Storms illustration i Englische Philologie (1892-96) af intonationen i fransk, italiensk og spansk. Med venlig tilladelse fra Det Kgl. Bibliotek.

ter og forstørrede septimer til oktav- og andre større spring – illustrerer intonationen i fransk, italiensk og spansk.

Storms eminente evne til at høre – og, som vi har set (s. 87), meget længe *huske* – lydlige forskelle er tankevækkende, for den minder om hvad vi ser hos Jones. Dennis B. Fry, dennes efterfølger, udtrykker det således: »It would be no easy task to analyse the gifts required to make a great phonetician. A most precise and very long-term memory for what things sound like would certainly be one of them, but this is shared by a number of musicians. Mozart when a child retained such a vivid impression of the pitch of one piano that after a lapse of twenty-four hours he was able to say that another differed from it by one-quarter of a tone. It is tempting to speculate whether Daniel Jones is perhaps endowed with »absolute quality« judgment just as Mozart was with »absolute pitch«, for he is able to remember over long periods the quality of a speech sound once heard and to compare it with sounds heard subsequently«.[338] Fry tilføjer at hverken denne evne eller den gave nøjagtigt at kunne reproducere en hørt lyd er tilstrækkelig forklaring på Jones' talent som fonetiker, for der er jo mange professionelle imitatorer der kan levere en overbevisende gengivelse af en stemme og personen bagved, og han fortsætter: »Daniel Jones has a gift which is much more rare and which he has developed to the highest degree, the capacity to listen to the sounds of human speech and to know intuitively exactly what the speaker is doing with his tongue, his lips, his soft palate, his larynx, when he produces a sound. It is this skill that has made him unequalled as a phonetician«.[339] Jones' arbejde med fonetikken kunne lejlighedsvis forekomme hans omverden excentrisk (og man kan spekulere over hvad folk mon har tænkt om Storm når han (jf. konceptet s. 62) var på jagt efter »minute shades of sound« til sin notesbog); ved en enkelt fornøjelig lejlighed ved begyndelsen af den 2. verdenskrig skulle Jones' intense syslen med at notere sine fonetiske iagttagelser resultere i at han blev arresteret, mistænkt for at drive spionage.[340]

Hvad angår det rent intonationsmæssige, er der grund til at fremhæve at Storms interesseområder synes at have været vide. Han var således tillige interesseret i serbokroatisk og kinesisk.[341] Også Jones spændte meget vidt her, og Collins & Mees er inde på om hans levende interesse for musik måske havde forbindelse med hans praktiske færdigheder som fonetiker.[342] Således havde Jones en forkærlighed for Bach og en encyklopædisk viden om ham og om hans musik, og – berettes det videre – »Jones was also known for his ability to distinguish the pitch of any note – a gift which he was later to utilise in the writing of one of his early books«.[343] I tilfældet Storm spørger man straks sig selv om hans forhold til musik. Dyrkede han mon et instrument eller – som Jones – sang?

12. Storm og systematikeren Jespersen

Som nævnt kom korrespondancen mellem Storm og Jespersen i gang i 1884 og ebbede ud før århundredskiftet, og som vi så (s. 34), fandt Storm i 1898 at Jespersen »for hver Bog han skriver, antager en mere og mere flot og overlegen Tone«. I sin *Fonetik* havde Jespersen nok de allerede citerede lovord om Storms sprogøre, men – tilføjede han – »netop ved sin store lethed til strax at opfatte lyd drives han ikke til som Sweet at fordybe sig i hvert enkelt lydsystem for sig; han opnår praktisk sprogbeherskelse uden som Sweet at anlægge omhyggelige lydskrifttexter for hvert enkelt sprog. Men følgen deraf blir også, at han ikke som Sweet lægger noget enkelt sprog systematisk frem for os; hans styrke er overhovedet ikke det systematiske, hvor hver ting får sin bestemte længe i forvejen overvejede plads; hans fremstilling beherskes af ideassociationer, der for andre kan se i höjeste grad tilfældige ud«. I det hele taget fandt Jespersen at »denne à-propos-metode snarere [virker] afskrækkende og trættende; man vil føle sig fristet til kun at benytte bogen til i ny og næ at slå op istedenfor at læse den; og mange af de fine lydanalyser, bogen indeholder, vil derfor være udsatte for at blive oversete«.[344] Noget lignende må Jespersen givetvis have ment om dispositionen af det ikkefonetiske stof. Man kan godt forestille sig Jespersens irritation over f. eks. – såvel i 1879-udgaven som i den fra 1892-96 – at måtte finde en redegørelse »for Begyndere« for den betydningsmæssige forskel mellem *look on* og *look at* i en ekskurs i en fodnote til redegørelsen for et sproghistorisk forhold under behandlingen af bibelsproget.[345]

Storm var utilfreds, som det fremgik af det brev til Thomsen vi har set tidligere (s. 34f.). Han skriver videre i samme brev:

Han [Jespersen] kritiserer mig for Mangel paa System og Sammenhæng og taler som om der ikke var *Register* i min Bog. Men jeg anser det ikke for en Fonetikers første Pligt at danne et nyt System og levere Lydskrifttexter; jeg har skrevet om det jeg bedst kjender til, og har nøiet mig med at forbedre de andres Systemer; jeg har hjulpet Verden til at fordøie Techmers og Jespersens temmelig ufordøielige Værker. Det er mærkeligt, at J. er langt mere naadig mod Ellis, hvor dog alting staar ganske *anderledes om hinanden* og hvor der *intet Register* er.[346]

En god snes år senere, i Jespersens nekrolog over Storm i 1920, er der ros, men der findes også plads til kritik af Storms hovedværk i engelsk, der optager en god femtedel af nekrologen. Der konstateres en usædvanlig rigdom af »enkeltheder og værdifulde iagttagelser, men der er noget spredt, usystematisk over den, som i høj grad skader den«. Der er »noget tilfældigt både i hvad der er taget med, og i det sted hvorpå hver ting er anbragt – det egentlig systematiske var aldrig Johan Storms styrke«.[347]

Sagen har åbenbart ligget Jespersen på hjerte: Endnu en gang – her i sin selvbiografi fra 1938 – kommer han ind på sin opfattelse af Storm. Det sker i det afsnit hvor han over godt tre sider med en vis hengivenhed dvæler ved sin brug af kartotekssystemet i form af »små sedler« (i tidens løb vel »lad mig sige i alt en 3-400.000, det er næppe for højt regnet«[348] (se *Ill. 22*), som »med største lethed kan ordnes og omordnes og stilles sammen efter forskellige synspunkter, til man finder det endelige system«.[349] Jespersen havde udviklet sit arbejdssystem i den grad at han sågar havde sedler med i lommen når han gik ture med sin kone i Dyrehaven. Således udstyret kunne han hurtigt på sine »tænketure«, som hans kone kaldte dem, notere en god ide (»og når jeg var stærkt optaget av et æmne, vidste hun at enten måtte jeg gå alene eller, hvis hun var med, måtte hun helst tie stille, medens samtalen til andre tider gik livligt nok«). Selv nætterne var Jespersen velforberedt til. Han bemærker således (hans kone var da død): »I Jægersborg, da jeg delte soveværelse med min kone, vænnede jeg mig til at skrive tanker ned i mørke med blyant (ikke på sædvanlige papirsedler, men på særlige av pap). I reglen indeholder disse nat-sedler kun et enkelt ord, der om morgenen udløser en hel tankerække som ellers let kunde glemmes«.[350] Jespersen så sit system som et der i højeste grad effektiviserede hans produktion, og citerede utvivlsomt med fryd hvad en af hans elever engang sagde om ham: »Jespersen propper efterhånden en mængde sedler ned i sine rum i skuffer; når ett er fyldt, er der en lille klokke som ringer, og så er den bog færdig«. Som

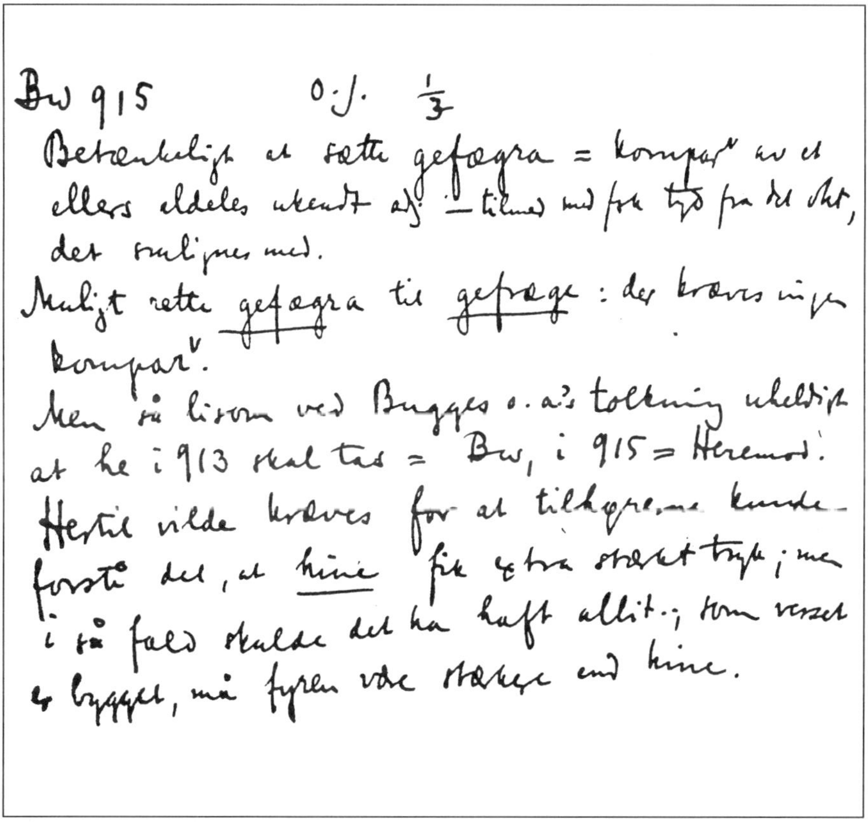

Bw 915 O.J. 1/3

Betænkeligt at sætte gefægra = kompar av et ellers aldeles ukendt adj. — tilmed med fork. tyd fra det ord, det sammenlignes med.

Muligt rette gefægra til gefræge: der kræves ingen kompar.

Men så lisom ved Bugges o.a.'s tolkning uheldigt at he i 913 skal tas = Bw, i 915 = Heremod. Hertil vilde kræves for at tilhørerne kunde forstå det, at hine fik extra stærkt tryk; men i så fald skulde det ha haft allit.; som verset er bygget, må fyren være stærkere end hine.

Ill. 22. En af Jespersens "3-400.000" sedler - et system han ønskede at Storm havde brugt. Her nogle tanker i forbindelse med l. 915 i det oldengelske digt Beowulf. Reproduceret i naturlig størrelse.
Med venlig tilladelse fra Det Kgl. Bibliotek.

Jespersen tilføjede: »Nå, slet så let går det jo ikke, og det er langtfra alt det indsamlede der kommer med i den endelige fremstilling. Det gælder at skille væsentligt fra uvæsentligt, og däri har jeg måske min styrke. Jeg er tit blevet rost, fx av Vilh. Thomsen, for at kunne finde gode exempler, men hemmeligheden ligger netop i at jeg i reglen på forhånd har haft så mange exempler samlet på hvert behandlet fænomen at jeg har kunnet skyde mange mindre heldige eller mindre oplysende ud, så kun de gode blev tilbage.«[351] Det ærgrede Jespersen at Storm ikke brugte seddelsystemet:

Under et besøg i Kristiania så' jeg Johan Storms arbejdsmetode: han skrev i kvarthefter, hvor hvert nyt sitat strax skulde indføres på rette sted når det var fundet. Det medførte evindelig bladen om i disse hefter under selve optegnelsen og krævede samtidig at man skulde huske, hvor man før hade truffet på noget lignende. [...]. »Jeg er ikke systematiker som De« sa Storm til mig i een av vore første samtaler, [...] Hans grundige viden og store flid vilde ha gavnet verden mere, om han fra først av hade arbejdet – ikke just ud fra et færdigt system, men sådan at et system kunde være kommet ud av det.[352]

Når man overvejer Storms arbejdsmåde, må man erindre hans arbejdsvilkår. Nok konstaterer Hambro at Storms »gjerning blev snarere av kritisk end av nyskabende art« – et udsagn der umiddelbart kan synes at underspille Storms rolle som fornyer i henseende både til studiet af talesproget og til sprogpædagogikken.[353] Men derefter minder han os om følgende: at Storms »videnskabelige produktion blev mere skarpt iagttagende, sigtende og samlende end den blev systematisk opbyggende«, og tilføjer: »hertil kommer også at selve hans stilling ved universitetet, som lærer i to vidt adskilte faggrupper, vanskeliggjorde den intense koncentration. Desto mere beundringsværdig er det at han har fåt utrettet så meget som han gjorde.«[354]

For Western, der samtidig med sin karakteristik af Storms *Englische Philologie* som »en sann fundgrube for fonetikere« beklager redaktionelle sider af værket, er der ingen tvivl om at Storm ville have kunnet levere et hovedværk både i almen og i speciel fonetik hvis han havde haft bedre arbejdsvilkår. »For«, som han tilføjer, »at Storm ikke helt manglet evnen til systematisk fremstilling, fremgår tilstrekkelig av hans avhandling i Norvegia: *Norsk Lydskrift med Omrids af Fonetiken*«.[355]

13. Sammenfatning

Storms betydning for skolens og universitetets undervisning stod helt klart for hans kollega i litteratur, Christen Collin (1857-1926).[356] I sin beskrivelse af filologien i universitetets festskrift fra 1911 opholder Magnus Olsen sig ved Collins karakteristik af Storm på dennes 70 års dag, nemlig at han

kom som den rette Mand i den rette Tid. Han drog ud paa sin første større videnskabelige Udenlandsreise i det samme Aar, 1869, hvori den nye norske Skolelov indførte Reallinjen (med Engelsk) som jevnbyrdig med Latinlinjen. Og han kom hjem som Universitetsstipendiat i 1871, samtidig med at Konsekvensen af den nye Skoleordning blev draget for Universitetets Vedkommende, da den gamle filologiske Eksamen blev afløst af den nye sproglig-historiske Lærereksamen, som fuldstændig sidestillede de nyere Kultursprog med Græsk og Latin. To Aar efter, i 1873 [1 Juli], droges igjen Konsekvenserne af den nye Universitetslov ved Storms Udnævnelse til Professor i romanske Sprog og Engelsk. I den Grad er Professor Storms Løbebane knyttet til de nyere Sprogs Oprykning til Hovedfag i Skolen og ved Universitetet.[357]

Min læser vil have bemærket hvorledes Storm gennem sine internationale forbindelser, hvoraf jeg kun har nævnt et fåtal, bidrog til at gøre sit universitet kendt i Europa. I den forbindelse er det fristende at gøre opmærksom på Ernst Håkon Jahrs artikel om Clara Holst (1868-1935), som blev optaget som studerende på universitetet i Kristiania i 1889, få år efter at den første kvinde havde fået adgang til universitetsstudier.[358] Hun, der senere skulle få en smuk (og gådefuldt kort) karriere i sprogstudier, der skulle bringe hende vidt om i verden, fik Storm som vejleder. I sin interessante skildring af Clara Holsts ejendommelige skæbne bemærker Jahr:

It probably proved very decisive for the young student Clara Holst that she came into contact with one of the leading linguists in Europe so early in her studies. Not many of the Norwegian professors at the time had such an international standing as Johan Storm, and it is interesting to speculate whether her contact with him contributed to the fact that she acquired a lot of international academic experience during her studies, far beyond that of most of her fellow students.[359]

Tilfældet Clara Holst og hvad vi har set tidligere af udsagn fra Falk, Torkildsen og Western, sammenholdt med Storms egne udsagn om sin indstilling til arbejdet med sine forelæsninger, kunne måske tyde på at Storm, manden hvem intet var kærere end den personlige faglige fordybelse og udmøntningen heraf i sit forfatterskab, har været bedre til at vejlede viderekomne, særligt interesserede studerende end begyndere. Det er her værd at erindre at han længe var eneansvarlig for undervisningen i to store fagområder, i sig selv en tung opgave som ville tage modet fra mange; han må have været nødsaget til at foretage en hård prioritering af de opgaver han mente at have. Hvad man også bør mærke sig her, er det synspunkt som Jørn Lund har fremført i sit indlæg i den danske uddannelsesdebat, nemlig at jo højere op i niveau man når, desto sværere er det at vurdere hvad der er god undervisning. »Niels Bohr siges«, bemærker han, »at have været en ret kedelig forelæser. Men for virkelig avancerede studerende var han en af de få, de kunne lære noget af« – en af dem der »måske ikke [ved] så meget om pædagogik«, men som »er uundværlige som undervisere«.[360]

Det har været naturligt i den foreliggende sammenhæng at samle opmærksomheden om Storms *Engelsk Filologi.* Som det er fremgået, var Storms hele virke imidlertid særdeles mangesidigt. Læsere af Sandveds bog vil mærke sig at hans produktion spænder fra omfattende værker til mindre, praktisk anlagte bøger, eksempelvis hans reviderede udgaver af Thomas Bennetts *A Selection of Phrases for Tourists Travelling in Norway* (1874) og lærebøgerne *Franske Taleøvelser* (1887a/1897), sidstnævnte oversat til flere sprog – dansk, engelsk, finsk, hollandsk, svensk og tysk.

Som et yderligere eksempel på Storms formidlingsarbejde må det nævnes at han i midten af firserne fik overdraget hvervet at skrive om de romanske sprog i den niende udgave af *Encyclopædia Britannica.*[361] Hans virke omfattede ikke blot professoratet men også i en lang periode stillingen som undervisningsinspektør, der bragte ham på nært hold af det daglige arbejde i den norske skole og medvirkede til at han kunne gøre sin indflydelse gældende. Dertil kommer det arbejde vi allerede (s. 74f.) har set ham i med revision af et udkast til *Det nye Testamente i ny Oversættelse*, der blev fuldført i 1904.

Otte år tidligere, i 1898, konstaterede han i et brev til Thomsen at han nu, oven på sin intense beskæftigelse med engelsk, ville kaste sig over fransk filologi med »den Kraft, som endnu maatte være mig forundt«. En sådan syslen, mente han, ville være »gavnligere for mine Filologer«, idet fordybelsen i den franske filologi »kan danne et Surrogat for *Latinen*,[362] som jo nu i Norge skal afskaffes«, og med vanlig beskedenhed tilføjede han i en note i brevet: »Jeg prætenderer ikke at frembringe saa meget nyt for Romanister af Fag; men noget bliver der dog; hvoraf Antydninger i mine fr[anske] Taleøvelser.«[363]

I året før han trak sig tilbage fra professoratet, i 1911 (han var da 75 år gammel), kom da det første bind af hans franske syntaks, der fulgtes af et andet bind tre år senere og et tredje fem år derefter, i året før hans død.[364] En hovedtanke i *Engelsk Filologi* genfandtes her: »Jeg har villet give Filologerne Anledning til at *fordybe* sig i det levende Sprogs spillende Liv med dets Love og dets Friheder, dets forskjellige Lag og dets brogede Mangfoldighed«. Og det samme gjaldt tanken om at læreren skulle være virkelig kompetent: »han [læreren] maa vide Besked om Sprogets *Lov* og Lovens *Grund*; han maa ikke alene kunne, men ogsaa *kjende* Sproget tilbunds«.[365]

Når man læser den grundige anmeldelse som Danmarks store romanist Kristian Sandfeld (dengang Sandfeld Jensen) skrev af det første bind, mærker man sig hans ord: at det »er [...] umuligt i en anmældelse at give nogen forestilling om den fylde af exempler, hvormed sprogbrugen i hvert enkelt tilfælde er belyst – man maatte da afskrive hele sider – og den rigdom af fine iagttagelser og belærende sidebemærkninger der er indstrøet rundt om. Det vil for øvrigt ikke være nyt for dem, der har lært at skatte prof. Storms tidligere arbejder«.[366] Og når man tænker på hvad dette arbejde har kostet Storm af slid over en lang periode hvor han mere og mere svækkedes legemligt, og hvor han – derudover – ikke desto mindre formåede, i tillæg til færdiggørelsen af sit arbejde om bibelsproget, at bidrage yderligere til studiet af det norske sprog,[367] undres man over hvordan denne indsats var mulig. Det hele vidner, som Western skrev i sin nekrolog, om en flid og viljestyrke som grænser til det utrolige.[368]

Som vi så (s. 106), kom Daniel Jones i 1917 med sin *An English*

Pronouncing Dictionary og i 1918 med sin *An Outline of English Phonetics.* Her optrådte i skitseagtig form hans teori om kardinalvokalerne, der skulle blive så betydningsfuld for eftertiden.[369]

Var de udkommet i Storms velmagtsdage, ville han uden tvivl have fundet dem en velsignelse. Ænsede den trætte Storm dem? Formentlig ikke. Engelsk var forlængst et afsluttet kapitel. Det var 24 år siden det sidste bind af hans *Englische Philologie* var udkommet. Godt tyve år kunne Storm se tilbage på som en periode med travl beskæftigelse med engelsk – en periode der havde kostet ham utalte timers slid og et mistet venskab med Sweet.

I arbejdet med modersmålets dialekter afveg Storm, der gennemvandrede dele af Norge for at indsamle materiale, i metode fra Jespersen. Jørgen Rischel bemærker således: »In spite of his vast experience in listening and taking down word forms in phonetic notation, Jespersen was not himself much of a field worker. He was immensely influential in dialectology, but unlike many other Danish philologists of his time he seems to have participated very little in the firsthand recording of Danish dialects.«[370]

Et træk som Storm og Jespersen deler, er den iver hvormed de lige fra det øjeblik de virkelig begyndte at studere fremmedsprog indsugede den fremmede kultur. Ikke uden grund fremhæver Bent Sunesen i sin anmeldelse[371] af Paul Christophersens *A Linguist's Credo* hvad forfatteren har betonet som en af de vigtigste forudsætninger for tilegnelsen af et fremmed sprog, nemlig *empatien* for den fremmede kultur. »Men kunde jeg end ikke paa den korte Tid tilegne mig Sproget fuldkommen,« siger Storm i beskrivelsen af sit ophold i Frankrig, »kunde jeg dog godt studere baade Lyd og Udtryksmaade, baade det Legemlige og det Aandelige i Sproget.«[372] Når Christophersen lagde vægt på denne parathed – ønsket om hvad Franke kaldte en indføling (*Eindringen*)[373] i alt det nye der møder én i og gennem sproget – så var hans tanke øjensynligt denne: Hvis kravet om præcision i det sproglige udtryk skal efterkommes, må kravet komme *indefra,* og er empatien ikke til stede, er der intet krav indefra. Det var hans personlige erfaringer, erhvervet gennem en usædvanlig international karriere,[374] der lå til grund for denne opfattelse: »the study of a modern language is an activity that engages more than the intellect. It demands great imagination and sensitivity, and it demands sympathy and a high degree of empathy with the people whose language one is trying to learn. At the advanced stage the whole personality becomes involved.«[375]

Et andet fællestræk hos Storm og Jespersen er at deres sprogvidenskabelige og pædagogiske arbejde gik hånd i hånd.[376] Det sidste næredes af – og inspirerede store dele af – det første. Storm sagde ikke selv så meget om det flersidede i sit ikke-undervisningsmæssige arbejde. Talte han ofte om »forsker« og »forskning«? Næppe, hvis da disse ords overtoner var i Norge som de var i Danmark, for han var endog et par generationer forud for den for hvem disse udtryk, der »nu nærmest er blevet fagforeningstermer«, var nogle som man »kun kunne anvende om de virkelig store, aldrig om sin egen lille beskæftigelse«.[377] Som vi husker, var Storm en beskeden mand, hvem det lå »paa Hjerte at faa nedlagt Resultatet af mine Studier i udførligere Arbeider, som kunde være de Studerende og maaske Videnskaben overhoved til Gavn«.[378] Han arbejdede tilmed under en ordning, nøje beskrevet af Sandved,[379] hvorunder det ser ud til at universitetet har været »en embedsmannsskole mer enn forskningsinstitusjon«. Han ville, kan vi gætte, i betragtninger over sit arbejde have været indstillet som Jespersen, der i sin selvbiografi vier nogle sider til beskrivelsen af sit eget ikke-undervisningsmæssige arbejde. Som Jespersen så det da han skuede tilbage, var det hele såre enkelt og renfærdigt: der var arbejdet med faget og så det »*ved siden dærav*«:

Overordentlig meget i mine bøger og artikler – og måske det værdifuldeste i og for sig – tar udelukkende sigte på den rene uinteresserede teori, på blot det at trænge ind i sprogets (og sproglydenes) væsen for at udvide vor teoretiske indsigt.

Men *ved siden dærav* har jeg unægtelig i meget av mit arbejde stræbt at få noget frem der direkte eller indirekte kan gavne i det praktiske liv, [...].[380]

Hvad Jespersen sigtede til hermed var sit arbejde med en forbedret sprogundervisning, dansk retskrivning,[381] internationale hjælpesprog (Esperanto, Ido, Novial),[382] m.v. Det var alt sammen noget »*ved siden dærav*«, således forstået: det var afledet af hans sprogvidenskabelige arbejde, hvilket vil sige følgende: i Jespersens (for nu at tage et tilfældigt eksempel) sprogpædagogiske indsats var der ikke tale om pædagogik *in vacuo,* men om en praktisk orienteret pædagogik, der ville have været utænkelig uden hans konstant sideløbende sprogvidenskabelige arbejde.

Vender vi os imidlertid fra videnskabsmandens betragtninger over sine egne faglige opgaver til Storms betragtninger over *universitetets* opgave, har vi mere at støtte os til. Vi har set i det foregående (s. 53) at Storm mente at det som kaldes det praktiske for universitetet kun er »en Bisag«, men, som Sandved konstaterer og uddyber, i «minst én annen sammenheng udtrykker Storm seg slik at man kan få inntrykk av at han la sterkere vekt på det praktiske enn som så«.[383] I betragtning af universitetsstuderendes forudsætninger og den betoning Storm gav beherskelsen af det moderne talesprog, kan dette siges at være meget forståeligt.

I dette arbejde har jeg stedvis strejfet Hambros synspunkter. Hans afsluttende ord i portrætartiklen fra 1937 vil kunne afrunde min fremstilling:

> Professor Storms navn og hans personlighet var en ære for vort universitet, for det land, som nød frugten av hans arbeide, og for det sprog, hvis fineste dyrker og kjærligste vogter han var. Han var en typisk repræsentant for den embedsmandskultur som bar Norge gjennem det 19de århundrede; en slet lønnet, høit dannet, meget ydende og litet krævende embedsstand, hvor de sjeldneste og rikeste evner kunne forblø i pligtfølelse, i offervilje, i forsørgerbyrde; en embedsstand som ikke længer findes som stand, og hvis traditioner og idealer ikke længer har hævd – til tap for hele vor kultursammenhæng.[384]

14. Et kuriøst eksotisk efterspil

Det er ikke just i en orientalsk sammenhæng at vi ville have ventet at se Johan Storms navn dukke op. Ikke desto mindre ser vi Storm omtalt i en ret nylig anmeldelse[385] af en japansk publikation.

Vi har set hvorledes Storm havde nær forbindelse med Sweet og var den direkte anledning til at Sweet i 1877 publicerede sin *A Handbook of Phonetics,* der skulle få så vidtrækkende betydning for reformpædagogikken. Sweet døde i 1912, og dele af hans private bibliotek blev erhvervet af en japansk anglist, nemlig Sanki Ichikawa (1886-1970), der i samme år havde indledt et treårigt studieophold i England, og som efter sin hjemkomst blev professor i engelsk ved det kejserlige universitet i Tokio (1916-46). Han korresponderede med Jespersen og besøgte ham i 1931 under et ophold i Europa sammen med sin kone, der siden henrevet beskrev sine indtryk af visitten i en bog, som Jespersen opholder sig lidt ved i sin selvbiografi.[386] Ved sin tilbagetræden donerede Ichikawa en del af sin bogsamling til sit universitet, idet han dog beholdt de bøger som universitetet allerede havde et eksemplar af. Blandt de bøger som forblev hos Ichikawa var Sweets personlige eksemplar af *A Handbook of Phonetics.* Med tiden vandrede bogen videre, først til een kollega, senere til en anden, og da denne var død, blev den opdaget i hans bibliotek af en kender. Den er forsynet med Sweets noter i margenen skrevet med blæk. Det er en facsimile af denne bog som nu er udgivet i Japan.

Men der er også andre håndskrevne tilføjelser i bogen end Sweets. Nogle stammer fra en vis *J. S.,* siger anmelderen. Han spekulerer over hvem denne kan være og mener, hvad udgiveren da også med klædelig forsigtighed anfører som noget man kan gætte på, nemlig at Sweet lod sin ven Storm låne sit personlige eksemplar og skrive kommentarer i det med blyant. Ikke underligt glæder anmelderen sig til at se hvad fremtiden finder ud af om *J. S.*'s og Sweets synspunkter sammenlignet med dem vi har overleveret i Storms og Sweets korrespondance.

Er *J. S.* Johan Storm? Da jeg havde læst anmeldelsen, rekvirerede jeg bogen. Da jeg havde set på den, faldt jeg i staver over to ting: Håndskriften var meget lig den som jeg kendte fra Storms breve, og et sted stod der ikke blot *J. S.*, men *Joh. St.*

Hvem ved hvad der stadig måtte gemme sig på fjernøstlige lofter om Norges store sprogmand?

Kjære Professor!

Tusind hjertelig Tak for Deres kjære deltagende Brev, som jeg blev saa glad i, ja, ganske rört over Deres Elskværdighed at skrive til mig. Saa ofte har jeg tænkt at skrive og fortælle lidt om min dyrebare Mand, da jeg vidste at De som hans gamle trofaste Ven vilde glæde Dem over at höre lidt. – Aa, hvor min Mand satte Pris paa Dem, hans Öine straalte, naar han talte om sin "Ven" Vilhelm Thomsen, det var jo et langt og prövet Venskab, helt fra 1868 – jeg husker saa godt da De besögte os paa Schultzehougen förste Gang og senere, altid saa kjært for os begge. Min Mand var noksaa svag i de senere Aar og de sidste Maaneder ubehjælpelig, fordi hans Ben og Hænder var saa svage, kunde ikke gaa over Gulvet alene. Altid var han taalmodig, skjönt vi synes det maatte være trist for ham ikke at kunne udtrykke sig som han vilde, det faldt ham vanskelig at tale, men Gudskelov, klar var han til det sidste og hans Sygeleie var 14 Dage, men saa velsignet fredfuldt, ingen Smerter og sovnede aldeles rolig ind i Döden. Vi har jo bare Grund til at takke Gud for han blev sparet for Lidelser og at han ikke blev slöv, men Savnet og Længselen er stort, jeg var stadig om ham i de senere Aar,

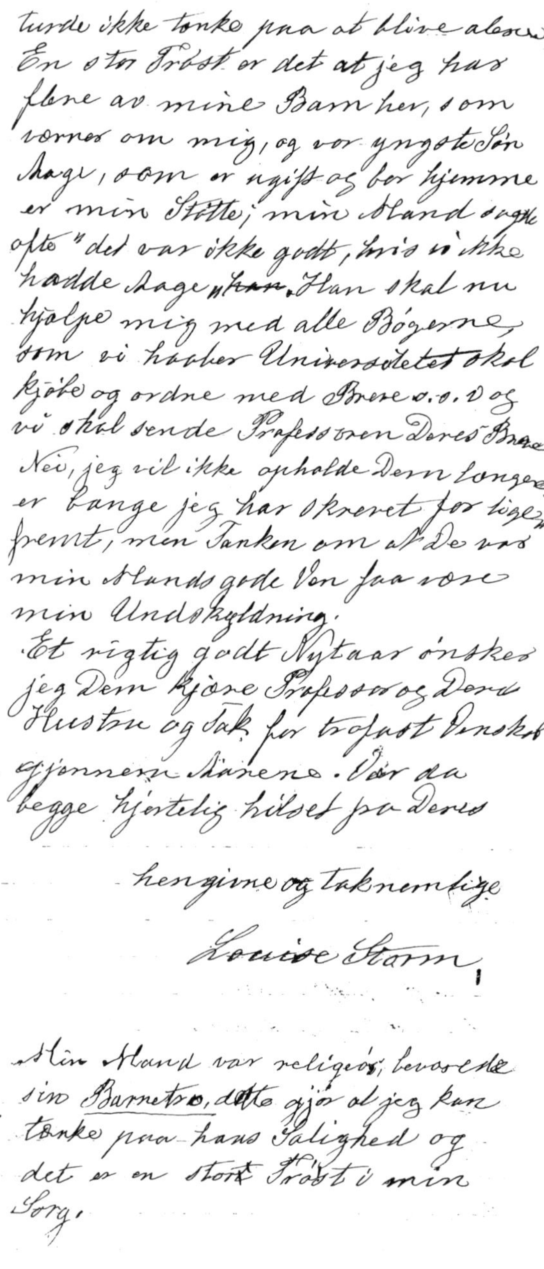
turde ikke tænke paa at blive alene
En stor Trøst er det at jeg har
flere av mine Barn her, som
værner om mig, og vor yngste Søn
Aage, som er ugift og bor hjemme
er min Støtte; min Mand sagde
ofte "det var ikke godt, hvis vi ikke
hadde Aage, ~~han~~. Han skal nu
hjælpe mig med alle Bøgerne,
som vi haaber Universitetet skal
kjøbe og ordne med Breve o.s.v. og
vi skal sende Professoren Deres Breve.
Nei, jeg vil ikke opholde Dem længer
er bange jeg har skrevet for lige
frem, men Tanken om at De var
min Mands gode Ven faa være
min Undskyldning.
Et rigtig godt Nytaar ønskes
jeg Dem kjære Professor og Deres
Hustru og Tak for trofast Venskab
gjennem Aarene. Vær da
begge hjertelig hilset fra Deres

hengivne og taknemlige

Louise Storm.

Min Mand var religiøs, bevarede
sin Barnetro, dette gjør at jeg kan
tænke paa hans Salighed og
det er en stor Trøst i min
Sorg.

Ill. 23. Louise Storms sidste brev (30/12 1920) til Vilhelm Thomsen (note 205). Med venlig tilladelse fra Det Kgl. Bibliotek.

Henvisninger

Trykte

Amundsen, L. 1957-60: *Det Norske Videnskaps-Akademi i Oslo 1857-1957.* I-II. Oslo.

Amundsen, L. 1961a: »Det teologiske fakultet. Lærere og forskning.« I: *Universitetet i Oslo 1911-1961,* I:1-62.

Amundsen, L. 1961b: »Det historisk-filosofiske fakultet. Lærere og forskning.« I: *Universitetet i Oslo 1911-1961,* I:251-474.

[Anonym]: 2000: »Paul Christophersen. Danish philologist who became totally Anglicized.« (Nekrolog.) *The Times,* March 1.

Asher, R. E. & E. J. A. Henderson 1981: *Towards a History of Phonetics.* Oxford.

Atherton, M. 1998: Anmeldelse af: Kihara 1998. *The Henry Sweet Society Bulletin* 31:40-42.

Axelsen, J. 1984: *Dansk-engelsk ordbog.* 9. udgave. 10. udgave 1995. (Fortsættelse af Vinterberg & Axelsen 1984.) København.

Axelsen, J. 1993: »The Elf and the Ox. Grammatical Information in Danish-English Dictionaries.« *International Journal of Lexicography* 6:2:79-88.

Axelsen, J. 1995: *En Rød Klassiker. Dansk-Engelsk Ordbog 1845-1995.* København.

Bennett, T. 1874 [=1875]: *A Selection of Phrases for Tourists Travelling in Norway.* 3rd edition, enlarged and revised by Joh. Storm. (4th edition 1881. 5th edition 1891.) Kristiania.

Bodelsen, C. A. 1943: »Otto Jespersen, 16. Juli 1860-30. April 1943.« (Nekrolog.) *Festskrift udgivet af Københavns Universitet i Anledning af Universitetets Aarsfest November 1943:*137-142. København.

Bodelsen, C. A. 1964a: *Essays and Papers.* København.

Bodelsen, C. A. 1964b: »Otto Jespersen 1860-1943«. I: Bodelsen 1964a:179-193.

Bolling, F. 1678a: *Fuldkommen Engelske Grammatica som indholder En kort og nyttig Underviisning baade paa Ræt at læse, saa og ræt at forstaae Det Engelske Sprog Tillige med et Engelske Dictionarium ofver de Ord som icke hafver nogen kiendelig affinitêt enten med Latinen eller Dansken.* Kiøbenhafn.

Bolling, F. 1678b: *Engelske Dictionarium offver de Ord som icke haffver nogen kiendelig affinitêt med Latinen eller Dansken.* Kiøbenhafn.

Bonge, S. 1980: *Eldre norske fotografer. Fotografer og amatørfotografer i Norge frem til 1920.* Bergen.

Bratt, I. 1977: *Engelskundervisningens framväxt i Sverige. Tiden före 1850.* Årsböcker i Svensk Undervisnings-historia, Vol.156. Föreningen för Svensk Undervisningshistoria. Stockholm.

Bratt, I. 1982: *Läromedel i engelska utgivna i Sverige 1850-1905.* Studia Psychologica et Paedagogica. Series Altera 58. Lund.

Bratt, I. 1984: *Engelskundervisningens villkor i Sverige 1850-1905.* Årsböcker i Svensk Undervisningshistoria, Vol. 156. Föreningen för Svensk Undervisningshistoria. Lund.

Bredsdorff, E. 1954: *H. C. Andersen og England.* København.

Bredsdorff, E. (*ed.*) 1960: *Sir Edmund Gosse's Correspondence with Scandinavian Writers. Edited with Notes and Comments. With an Introduction on Sir Edmund Gosse and Scandinavian Literature and Bibliographical Supplements.* Copenhagen.

Brown, G. 1977: *Listening to Spoken English.* London.

Brynildsen, J.1902-07: *Engelsk-Dansk-Norsk Ordbog.* For Danskens Vedkommende gennemset af Johannes Magnussen. Udtalebetegnelsen af Otto Jespersen. København.

Brynildsen, J. 1892: *Norsk-Engelsk Ordbog.* 2. sterkt utvidede og helt omarbeidede udg. 1913-17. 3. utvidede utg. 1927. Kristiania.

Burchfield, R. 1981: *The Spoken Word. A BBC Guide.* London.

Bækkeskov-Olsen, P. 1968: »Brydninger indenfor engelskundervisningen i 20. århundrede.« I: *Engelskundervisning analyseret i ni artikler*:138-157.

Christophersen, P. 1939: *The Articles. A Study of their Theory and Use in English.* Copenhagen & London.

Christophersen, P. 1948: »Dansker skal lære Negre i Afrika Engelsk. Professor ved Københavns Universitet Paul Christophersen ansat ved Neger-Universitetet i Nigeria i Vestafrika.« Interview med Paul Christophersen. *Politiken* 11/7.

Christophersen, P. 1949: *Bilingualism. An Inaugural Lecture delivered on Foundation Day November 17th, 1948.* Published for the University College, Ibadan, by Methuen & Co. Ltd., London.

Christophersen, P. 1957: *Some thoughts on the study of English as a foreign language.* Tiltredelsesforelesning 17. januar 1957. Fra Universitetets Talerstol. Utgitt av Universitetet i Oslo. Oslo.

Christophersen, P. 1961: »Towards a Standard of International English.« I: *Acta Conventus Romani Romae 1959.* (Copenhagen): 43-53.

Proceedings of the Fifth International Conference of Linguists, Sponsored by the Nature Method Institutes:43-53. Copenhagen.

Christophersen, P. 1972: »Otto Jespersen: A Retrospect.« *Transactions of the Philological Society* 1-19.

Christophersen, P. 1975: »Has linguistics a part to play in the teaching of foreign languages at university level? Some points suggested by the teaching of English as a foreign language.« *Proceedings of the Royal Irish Academy,* Vol 75, Section C, Number 3:45-59. (Tillige trykt i: Christophersen 1999:93-109.)

Christophersen, P. 1989a: »Otto Jespersen.« I: Juul & Nielsen (*eds.*) 1989b:1-11.

Christophersen, P. 1989b: »Otto Jespersen – a personal account by Professor Paul Christophersen, Cambridge.« [Lyd- og videoprogram.] I: Juul, A. & H. F. Nielsen 1989a.

Christophersen, P. 1994: »Jespersen and Second-Language Learning.« I: Nielsen & Zettersten (*eds.*) 1994:23-40. (Tillige trykt i Christophersen 1999:81-92.)

Christophersen, P. 1995: »Foreword«. I: Juul *et al. (eds.)* 1995:xiii-xx.

Christophersen, P. 1999: *A Linguist's Credo.* Odense 1999.

Collins, B. & I. Mees 1980: *The Sounds of English and Dutch.* The Hague, Boston & London.

Collins, B. & I. M. Mees 1992: »Articulatory Setting and the Danish Learner of American English.« I: Nielsen (*ed.*) 1992b:59-68.

Collins, B. & I. M. Mees 1995: »Daniel Jones, Paul Passy, and the Development of the Cardinal Vowel System.« *Historiographia Linguistica* XXII:1/2:197-216.

Collins, B. & I. M. Mees 1999: *The Real Professor Higgins. The life and career of Daniel Jones.* Berlin.

Collins, B. & I. M. Mees 2001: »Daniel Jones, Prescriptivist, R. (I.) P.« *English Studies* 1:66-73.

Crystal, D. 1964: »A liturgical language in a linguistic perspective.« *New Blackfriars.* December:148-156.

Crystal, D. 1966: »Language and Religion.« I: Sheppard (*ed.*) 1966:11-28.

Crystal, D. 1977: »The Problem of Language Variety: an Example from Religious Language.« I:Vesey 1977:195-207.

Crystal, D. 1981a: »Generating Theological Language.« *Theolinguistics.* Studiereeks Tijdschrift VUB Nieuwe Serie, Nr. 8:265-281.

Crystal, D. 1981b: *Directions in Applied Linguistics.* London.

Crystal, D. & D. Davy 1975: *Advanced Conversational English.* [With accompanying tape.] London.

Dahlerup, V. & O. Jespersen 1889: *Kortfattet dansk lydlære til brug ved undervisning. Med et forord af Vilhelm Thomsen.* København.
Davies, E. & A. Bentahila 1989: »On mother and other tongues.« *Lingua* 78:267-293.
Ehrs, B. & C. Bengtsson 1998: *Goodwin, en hyllning.* Stockholm.
Ekrheim, H. S., & O. Ekrheim 1933: *Norges Filologer og Realister.* Stavanger.
Ellis, A. 1869-98: *On Early English Pronunciation.* Parts 1-5. London.
Engelsk. Faghæfte 2. 1995. Undervisningsministeriet. Folkeskoleafdelingen. København.
Engelskundervisning analyseret i ni artikler. 1968. København.
Engler, B. & R. Haas (*eds.*) 2000: *European English Studies. Contributions towards the History of a Discipline.* Published for The European Society for the Study of English by The English Association.
Erdmann, A. 1891: »Om studiet av germanska språk vid Uppsala universitet.« *Quousque Tandem* 5:17-48.
Falk, H. 1921: »Johan Storm.« *Maal og Minne. Norske Studier.* Utgit av Bymaals-Laget ved Magnus Olsen. 1. og 2. hefte:111-112.
Ferrall, J. S. & T. G. Repp 1845: *Dansk-Engelsk Ordbog.* 2. udgave 1861, gjennemseet og rettet af W. Mariboe. 3. udgave 1867 ved R.V. Hyllested. 4. udgave 1873 ved A. Larsen. (Fortsat i Larsen 1880.) Kjøbenhavn.
Festskrift til Kristian Hald. 1974. Aarhus.
Festskrift til Peter Skautrup 21. januar 1956. Aarhus.
Fischer-Jørgensen, E. 1979: »Fonetik.« I: Jensen (*ed.*) 1979:IX:401-420.
Friedman, R. M. 2000: *Integration and visibility. Historiographic challenges to university history.* Forum for University History. Occasional Papers 1/2000. Oslo.
Fry, D. B. 1961: »Daniel Jones«, *English Language Teaching* 22:151-156.
Geelmuyden, I. 1855: *Engelsk Ordbog.* Christiania.
Gimson, A. C. 1962: *An Introduction to the Pronunciation of English.* London.
Giroud, A. (*éd.*) 1992: *Aspects de l'histoire de l'enseignement des langues:1880-1994. Numéro spécial du Bulletin CILA* 56 (octobre). Neuchatêl.
Gosse, E. 1877: Usigneret notits om »The present state of things at the Norwegian University of Christiania«. *The Academy,* June 9:509.
Gosse, E. 1912: *To Besøg i Danmark 1872-1874.* Oversat af Valdemar Rørdam. København. [Genudgivet med forord af K. Hvidt. 2001. København.]
Grieg, H. 1956: *En dansk Forlegger og fire norske Diktere.* København.
Gundem, B. B. 1989: *Engelskfaget i folkeskolen.* Oslo.

Haislund, N. 1956: »Otto Jespersen som dansk filolog.« I: *Festskrift til Peter Skautrup 21. Januar 1956*:397-402.
Halperin, J. 1996: »The Biographer's Revenge.« I: Salwak, D. (*ed.*):149-166.
Hambro, C. J. 1937: *Portræter og Profiler.* Oslo.
Hambro, C. J. 1950: *De første studenterår. Ungdomserindringer.* Oslo.
Hammerich, L. L. 1944: »Otto Jespersen. 16. Juli 1860 – 30. April 1943. Tale i Videnskabernes Selskabs Møde den 22. Oktober 1943.« *Det Kgl. Danske Videnskabernes Selskab. Oversigt over Selskabets Virksomhed Juni 1943 – Maj 1944* (København):41-57.
Henderson, E. J. A. (*ed.*) 1971: *The Indispensable Foundation. A selection from the writings of Henry Sweet.* London.
Hjelmslev, L. 1942-43: »Nécrologie. Otto Jespersen.« *Acta Linguistica* III:119-130.
Hoel, S. 1929: *Ingenting.* Oslo. (Udg. på norsk også af Aschehoug Dansk Forlag. København 1955.)
Hoser, H. P. 2000: *Kunnskap, Dannelse og Krigens Krav – Krigsskolen 1750-2000.* Oslo.
Howatt, A. P. R. 1984: *A History of English Language Teaching.* Oxford.
Husby, E. 1966: *Den høgre skolen i Kristiansund 1864-1964. Bernstorffskolen og Borgerskolen 1795-1864.* Kristiansund.
Hyldgaard-Jensen, K. & A. Zettersten (*eds.*) 1992: *Symposium on Lexicography V. Proceedings of the Fifth International Symposium on Lexicography May 3-5, 1990 at the University of Copenhagen.* Tübingen.
Højere Almenskolers Lærerforening, De. Beretning om Mødet i Oktober 1906. (1907) København.
Høybye, P. & E. Spang-Hanssen 1979: »Romansk sprog og litteratur.« I: Jensen (*ed.*) 1979:IX:231-266..
Haastrup, K. & N. Haastrup 1995: »Fremmedsprog som talesprog – engelsk som internationalt sprog.« I: V. O. Nielsen (*ed.*) 1992:33-48.
Ichikawa, H. 1937: *Japanese Lady in Europe.* London.
Jacobsen, E. 1990: »Mine universiteter – et tilbageblik.« Engelsk Institut og Museum Tusculanums Forlag. Københavns Universitet.
Jahr, E. H. 1999: »Clara Holst (1868-1935): Norwegian Historical Linguist and Woman Pioneer.« *The Henry Sweet Society Bulletin* 32:5-12.
Jahr, E. H. 2001: »Clara Holst«. I: *Norsk Biografisk Leksikon*, bd. 4 (*ed.* J.G. Arntzen). Oslo.
Jensen, Kr. Sandfeld 1898-99: Anmeldelse af Storm 1897. *Nordisk Tidsskrift for Filologi,* 3. Række:VII:35-37.
Jensen, Kr. Sandfeld 1911: Anmeldelse af Storm 1911. *Nordisk Tidsskrift for Filologi,* 3. Række: XX:167-174.

Jensen, P. J. (*ed.*) 1979: *Københavns Universitet 1479-1979. Bind IX. Det filosofiske Fakultet. 2. del.* Udgivet af Københavns Universitet ved 500 års jubilæet. København.
Jespersen, O. 1885: *Kortfattet Engelsk Grammatik for Tale- og Skriftsproget.* København.
Jespersen, O. 1886: »Den ny Sprogundervisnings Program.« *Vor Ungdom* 353-381.
Jespersen, O. 1889: *The articulations of speech sounds represented by means of analphabetic symbols.* Marburg.
Jespersen, O. 1891: *Studier over engelske kasus.* København.
Jespersen, O. 1897-99: *Fonetik.* København.
Jespersen, O. 1901: Sprogundervisning. Anden stærkt omarbejdede udgave 1935. København.
Jespersen, O. 1902: »Om udtalebetegnelsen.« I: Brynildsen 1902-07:xii-xiii.
Jespersen, O. 1909-49: *A Modern English Grammar on Historical Principles, I-VII.* London & Copenhagen.
Jespersen, O. 1913: »Talt i Grammofon d. 18de September 1913 af Professor Otto Jespersen.« Arkivoptagelse nr 647. Nationalmuseet. I: Juul & Nielsen (*eds.)* 1989a.
Jespersen, O. 1914: »Universitetsønsker.« *Tilskueren* (februar):124-133.
Jespersen, O. 1920: »Johan Storm.« (Nekrolog.) *Berlingske Tidende* (aften), 28. 10. 1920.
Jespersen, O. 1921: »Tale ved immatrikulationsfesten den 3. september 1921.« I: Jespersen 1932:18-26.
Jespersen, O. 1925: »Slutningsforelæsning på universitetet den 25. maj 1925.« I: Jespersen 1932:7-17. [Engelsk udgave: »Farewell Lecture at the University Given on 25th May 1925. I: Jespersen (u.å.):835-845.]
Jespersen, O. 1932: *Tanker og Studier.* København.
Jespersen, O. 1938: *En sprogmands levned.* København. [Engelsk udgave i: Juul *et al.* (*eds.*) 1995.]
Jespersen, O. 1941: »Om børns sprogtilegnelse. Interview med Otto Jespersen mandag d. 12. maj 1941, kl. 19.50 på 50-årsdagen for Otto Jespersens forsvar for doktorgraden ved Københavns Universitets filosofiske fakultet.« Arkivoptagelse nr. 0000414. Danmarks Radio. I: Juul & Nielsen (*eds.*.) 1989a.
Jespersen, O. (u.å.): *Selected Writings of Otto Jespersen.* Tokyo.
Jespersen, O. & Chr. Sarauw 1895: *Engelsk Begynderbog. Første Afdeling. Med Billeder og fuldstændig Udtalebetegnelse.* København.
Jones, D. 1917: *An English Pronouncing Dictionary.* London.

Jones, D. 1918: *An Outline of English Phonetics.* Leipzig.

Juul, A. 1999: »Nordmændenes Professor Higgins.« *Uddannelseshistorie 1999.* 33. årbog fra Selskabet for Dansk Skolehistorie (Odense):49-74.

Juul, A. & H. F. Nielsen (*eds.*) 1985: *Our Changing Speech. Two BBC Talks by Daniel Jones with a Supplement: »Daniel Jones (1881-1967) – his Life and Contribution to Phonetics« by Beverley Collins.* [With accompanying tapes.] Copenhagen.

Juul, A. & H. F. Nielsen (*eds.*) 1989a: *Otto Jespersen (1860-1943).* [Lyd- og videoprogram nr. 89 3948 (lyd) og 89 3930 (video).] Landscentralen for Undervisningsmidler. København.

Juul, A.& H. F. Nielsen (*eds.*) 1989b: *Otto Jespersen – Facets of his Life and Work.* Amsterdam & Philadelphia.

Juul, A. & H. F. Nielsen 1992: »Otto Jespersen and the introduction of new language-teaching methods in Denmark.« I: Giroud 1992:91-105.

Juul, A., H. F. Nielsen & J. E. Nielsen (*eds.*) 1995: *A Linguist's Life. An English Translation of Otto Jespersen's Autobiography with Notes, Photos and a Bibliography.* Odense.

Juul, A., H. F. Nielsen & K. Sørensen (*eds.*) 1988: *Degeneration on the Air?* Second edition. [With accompanying tapes.] Landscentralen for Undervisningsmidler. København.

Jürgensen, B. 1962: »Danengelsk?« *Meddelelser fra Engelsklærerforeningen.* Nummer 22. Oktober:10-13.

Jørgensen, C. (*ed.*) 1893: *Forhandlinger paa det fjerde nordiske filologmøde i København den 18-21 juli 1892. Tillæg: »Berättelse om förhandlingarna vid det tredje nordiska filologmötet i Stockholm 10-13 augusti 1886« af Niels Linder.* København.

Kabell, I. 1996: »Et portræt af George Stephens – professor i engelsk ved Københavns Universitet og fremtrædende medlem af den engelske menighed i Danmark i en menneskealder.« *MAGASIN fra Det Kongelige Bibliotek* 11:3:21-41.

Kabell, I. 2000: »Jespersen & Franke – an Academic Friendship by Correspondence.« *The Henry Sweet Society Bulletin* 35:27-37.

Kabell, I. & H. Lauridsen 1987: »Comments on the Earliest Danish Grammars of English, Including the First English-Danish Dictionary.« *Angles on the English-Speaking World* 2:79-93. Department of English. University of Copenhagen.

Kabell, I. & H. Lauridsen 1988: »The First English-Danish Dictionary, Frideric Bolling's Engelske Dictionarium 1678.« *Lexicographica, Series Maior* 19:373-389. Tübingen.

Kabell, I. & H. Lauridsen 1989a: »The Existing Copies of the First English-

Danish Dictionary (Frideric Bolling's Engelske Dictionarium (1678)).« *Angles on the English-Speaking World* 3:81-89. Department of English. University of Copenhagen.

Kabell, I. & H. Lauridsen 1989b: »En nordmand på eventyr; Frideric Bolling: Hans liv og værker.« *Maal og Minne* 3-4:151-160. Bergen.

Kabell, I. & H. Lauridsen 1989c (*eds.*): *Frideric Bolling's Engelske Dictionarium (1678). A Facsimile with Comments and Notes.* Publications of the Department of English, University of Copenhagen 17:1-185.

Kabell, I. & H. Lauridsen 1990: »The First English-Danish Dictionary: Frideric Bolling's »Engelske Dictionarium« 1678.« I: *Proceedings from the Fourth Nordic Conference for English Studies*:343-357.

Kabell, I. & H. Lauridsen 1992: »Danish works on the English language up to the year 1800 – and the men behind them.« I: Nielsen 1992b:145-159.

Kabell, I. & H. Lauridsen 1995: *Den belejrede humanisme. POET* vol. 21, Department of English. University of Copenhagen. København.

Kabell, I. & H. Lauridsen 1997: »'Here is elocution, style and wit.' Ian Maxwell in Copenhagen 1934-36.« *AUMLA. Journal of the Australasian Universities Language and Literature Association* No. 87, May:93-98.

Kabell, I. & H. Lauridsen 1999: »To beslægtede forskersjæle – historien om en korrespondance (fra årene 1884-86) mellem Otto Jespersen (1860-1943) og Felix Franke (1860-1886).« I: *Årsberetning 1999. Engelsk Institut. Københavns Universitet*:29-35.

Kabell, I. & H. Lauridsen [under udgivelse]: »Otto Jespersen og Felix Franke. En beretning om en brevveksling.« I: *Fund og Forskning*. Det Kgl. Bibliotek. København.

Kihara, K. (*ed.*) 1998: *Henry Sweet: A Handbook of Phonetics.* Tokyo.

Koch, B., K. E. Bugge & P. Salomonsen (*eds.*) 1966: *Hal Koch: Om tolerance. Udvalgte taler og artikler.* København.

Koch, H. 1966: »Om universitetsstudier. Nogle bemærkninger.« I: Koch *et al. (eds.)* 1966:71-89.

Kongelige Frederiks Universitet, Det – 1811-1911. Festskrift. I-II. 1911. Kristiania.

Københavns Universitets Årbog 1999. 2000. København.

Langholm, S. 1999: »Hvordan skrive faghistorie?« *HIFO-nytt. Meldingsblad for Den norske historiske forening*: 2:40-45.

Langvall Olsen, A.-M. & A. M. Simensen (*eds.*) 1992: *Om språk og utdanning. Festskrift til Eva Sivertsen / Essays in Honour of Eva Sivertsen.* Oslo.

Larsen, A. 1860: *Veiledning til en correct engelsk Udtale, udarbeidet fornem-*

melig til Brug i de lærde Skoler og ved Selvstudium, samt et lidet Tillæg om Danismer. Kjøbenhavn.

Larsen, A. 1880: *Dansk-norsk-engelsk Ordbog.* 2. udgave 1888. 3. udgave 1897, gennemset af Johannes Magnussen (se tillige Magnussen 1902). 4. udgave 1910, gennemset af Johannes Magnussen. Kjøbenhavn.

Larsen, F. 1989: »Jespersen's New International Auxiliary Language.« I: Juul *et al.* (*eds.*) 1989b:101-122.

Leitner, G. 1979: »BBC Englisch und der BBC. Geschichte und soziolinguistische Interpretation des Sprachgebrauchs in einem Massenmedium.« *Linguistische Berichte. LB-Papier* No. 60. Braunschweig.

Leitner, G. 1982: »The Consolidation of 'Educated Southern English' as a Model in the Early 20th Century.« *IRAL* XX/2:91-107.

Leitner, G. 1989: *BBC Englisch und Englisch lernen mit der BBC.* Berlin & München.

Lidell, A. 1979: »Newsweeding.« *The Listener* 5 April:478.

Linder, N. 1893: »Berättelse om förhandlingarna vid det tredje nordiska filologmötet i Stockholm 10-13 augusti 1886.« I: Jørgensen (*ed.*) 1893:i-lxxviii.

Lindhardt, P. G. 1951: *Vækkelser og kirkelige retninger i Danmark.* København.

Lindhardt, P. G. 1954: *Religion og evangelium.* København.

Linn, A. R. 2000a: Review of: Sandved 1998. *English Studies* 81, No. 2, April: 175f.

Linn, A. R. 2000b: »Johan Storm's Diaries. Historical fact – Historiographical Fiction.« (Resumé af foredrag holdt ved »Seventeenth Annual Colloquium of the Henry Sweet Society, Edinburgh, 20-23 September 2000«.) *The Henry Sweet Society Bulletin* 35:November:51.

Linn, A. R. 2001: »Professor Storm's Diary: historical fact – historiographical fiction.« I: *Beiträge zur Geschichte der Sprachwissenschaft:* 11: 193-219.

Linn, A. R. [under trykning]: »Johan Storm and the Study of French in Scandinavia.« I: Sylvain Auroux *et al.* (*eds.*): *The History of Linguistics 1999. Papers from the 8th International Conference on the History of the Language Sciences (ICHOLS VIII).* Amsterdam & Philadelphia.

Linn, A. R. [under udarbejdelse]: *Johan Storm: dhi grétest pràktikal liNgwist in dhi werld.*

Lloyd James, A. 1935: *The Broadcast Word.* London.

Lloyd James, A. 1940: *Speech Signals in Telephony.* London.

Lund, J. 1974: »Studier i dansk sceneudtale. Otto Jespersens bidrag til teatersproghistorien.« I: *Festskrift til Kristian Hald*: 461-472.

Lund, J. 1998: *Sidste udkald. Om dannelse og uddannelse.* København.

Lundeby, E. 1983: »August Western.« *Norsk Biografisk Leksikon* (*eds.*: Anker, Ø. & B. Kaldhol. Oslo) XIX:65-70.

Lærde Skolers Lærerforening, De. Beretning om Mødet i Oktober 1902. 1903. København.

MacDonald, D. 1961: »The Bible as Cotton Candy. An American critic's view of the New English Bible.« *The Observer* 26/3 1961.

MacMahon, M. K. C. 1979: »British Phonetics in the 1880s: the work of James Lecky.« *Historiographia Linguistica* VI:1:47-56.

MacMahon, M. K. C. 1984: »Henry Sweet as a novelist.« *The Henry Sweet Society Newsletter* 2:10-14.

MacMahon, M. K. C. 1985: »James Murray and the phonetic notation in the *New English Dictionary.*« *Transactions of the Philological Society* 1985:72-112.

MacMahon, M. K. C. 1990: »Henry Sweet, Guðbrandur Vigfússon and 'Runic Lore'.« *The Henry Sweet Society Newsletter* 15:4-10.

MacMahon, M. K. C. 1991: »Sweet, Europe and Phonetics.« *The Henry Sweet Society Newsletter* 17:12-18.

MacMahon, M. K. C. 1994: »Laura Soames' Contribution to Phonetics.« *Historiographia Linguistica* XXI:1/2:103-121.

MacMahon, M. K. C. 1998: »Phonology.« I: Romaine (*ed.*) 1998: 373-535.

Magnussen, J. 1902: *Dansk-Norsk-Engelsk Ordbog.* (Forkortet version af 1897-udgaven af Larsen 1880; fortsat i Magnussen, Madsen & Vinterberg 1919.) København.

Magnussen, J., O. Madsen & H. Vinterberg 1919: *Dansk-Engelsk Ordbog. Anden omarbejdede Udgave* [af Magnussen 1902]. 3. udgave 1927. 4. udgave 1936. 5. udgave 1944 ved Hermann Vinterberg & Knud Herløv. (Fortsættelse af Magnussen 1902. Fortsat i Vinterberg 1959.) København.

Mogensen, J. E., V. H. Pedersen & A. Zettersten (*eds.*) 2000: *Symposium on Lexicography IX. Proceedings of The Ninth International Symposium on Lexicography April 23-25, 1998 at the University of Copenhagen.* Lexicographica. Series Maior 103. Tübingen.

Murray, J. A. H. (*ed.*) 1888: *A New English Dictionary on Historical Principles. Vol. 1 A and B.* Oxford.

Nes, O. 1982: *Storms norske lydskriftsystem (med tillegg) definert ved hjelp av IPA's lydskriftsystem.* 4. utgave. Universitetet i Bergen, Institutt for fonetikk og lingvistikk. Skriftserie Nr. 8, Serie B. Bergen.

Nickel, G. 1992: »The Role of Simplifications in Connection with English as FL.« I: Langvall Olsen & Simensen (*eds.*) 1992:163-172.

Nielsen, H. F. 1989: »On Otto Jespersen's View of Language Evolution.« I: Juul *et al.* (*eds.*) 1989:61-78.

Nielsen, J. E. 1976: *Den samtidige engelske litteratur og Danmark 1800-1840, I-II.* Publications of the University of Copenhagen, Department of English, Vols. 3-4. København.

Nielsen, J. E. 1979: »Engelsk sprog og litteratur.« I: Jensen (*ed.*) 1979: IX:267-296.

Nielsen, J. E. 1992a: »Svend Rosing, his *Engelsk-Dansk Ordbog* (1853), and Gyldendal.« I: Hyldgaard-Jensen & Zettersten (*eds.*) 1992:217-226.

Nielsen, J. E. (*ed.*) 1992b: *The Twain Shall Meet.* Publications on English Themes, Vol. 18. Department of English. University of Copenhagen.

Nielsen, J. E. 1999: Anmeldelse af: Sandved 1998. *Angles on the English-Speaking World* 11:79-85.

Nielsen, J. E. 2000a: »Otto Jespersen as a lexicographer.« I: Mogensen *et al.* (*eds.*) 2000:71-75.

Nielsen, J. E. 2000b: »Paul Christophersen. 18. November 1911-30. December 1999.« *Københavns Universitets Årbog 1999*:103f.

Nielsen, J. E. 2000c: »The History of English Studies in Denmark.« I: Engler & Haas (*eds.*) 2000:123-141.

Nielsen, J. E. & A. Zettersten (*eds.*) 1994: *A Linguistic Miscellany. Proceedings of the Otto Jespersen Symposium, April 29-30, 1993. POET*:20. Department of English. University of Copenhagen. Copenhagen.

Nielsen, V. O. (*ed.*) 1995: *Skolefag i 100 år.* København.

Nielsen, Aa. 1968: »Engelskundervisningens progression.« I: *Engelskundervisning analyseret i ni artikler*:111-126.

Nordhjem, B. 1962: »At tale og at udtale.« *Meddelelser fra Engelsklærerforeningen.* Nummer 20. Februar:6-14.

Norsk Forfatter-Lexikon 1814-1880. (*Ed.*: J. B. Halvorsen.) 1885-1908. Kristiania.

Nye Testamente i ny Oversættelse, Det. 1904. Kristiania.

Nørr, E. 1985: *Gymnasieskolens programmer 1903-1958.* Bd. I. Bibliografi. København.

Olsen, M. 1911: »Filologien.« I: *Kongelige Frederiks Universitet 1811-1911...*, II:290-380.

Paikeday, T.M. 1985: *The Native Speaker Is Dead! An informal discussion of a linguistic myth with Noam Chomsky and other linguists, philosophers, psychologists, and lexicographers.* Toronto & New York.

Paludan, J. 1937: »Forsvar for dagbøger.« Kronik i *Politiken* 15/2 (genudgivet i: Paludan 1956:256-263).

Paludan, J. 1954: *Sagt i korthed.* København.

Paludan, J. 1956: *Prosa – korte Ting fra tyve Aar.* København.
Paludan, J. 1963: *Landeveje og tankeveje. Udvalgte Essays fra 30 Aar.* 1-3. København.
Quirk, R. 1974: *The Linguist and the English Language.* London.
Quousque Tandem Medlemsfortegnelse. Meddelelsesark (4 s.) dateret 3/2 1887. Udgivelsessted ikke oplyst.
Quousque Tandem Revy 1889:No. 3 (April). Särtryck ur Tidskriften *Verdandi* 1889, hft. 2. Stockholm.
Rapport sur l'activité du Cercle linguistique de Copenhague 1931-51. 1951. København.
Rischel, J. 1989: »Otto Jespersen's Contribution to Danish and General Phonetics.« I: Juul & Nielsen *(eds.)* 1989b:43-60.
Roach, P. 1983: *English Phonetics and Phonology. A practical course.* Cambridge.
Romaine, S. (ed.) 1998: *The Cambridge History of the English Language, Vol. IV.* Cambridge.
Rosing, S. 1853: *Engelsk-Dansk Ordbog.* 2. forøgede Udg. 1863. 3. forøgede Udg. 1869. 4. forøgede Udg. 1874. 5. gjennemsete og forøgede Udg. 1883. 6. Udg. 1887. 7. Udg. 1899. Kjøbenhavn.
Rørvik, T.-I. 1999: *Historien om examen philosophicum 1675-1983.* Forum for Universitetshistorie. Skriftserie 1/1999. Oslo.
Salling, Aa. 1939: »Hvordan skaber man Sprogfølelse?« Indledning til en Time med 1. M. i Engelsk. (Forældremødet Torsdag d. 30. Marts 1939.) *Holte Program* (Holte Gymnasium) 1938/39:74-83.
Salling, Aa. 1948: »Tidehverv i sprogundervisningen.« *Gymnasieskolen* 31:4-14.
Salling, Aa. 1951: »Det 'lille' sprog.« *Den høgre Skolen* 2:1-8.
Salling, Aa. 1952: *Det lille sprog.* København.
Salling, Aa. 1968: »Ordforråd og sprogundervisning.« I: *Engelskundervisning analyseret i ni artikler:* 80-86.
Salwak, D. (*ed.*) 1996: *The Literary Biography.* London.
Sandfeld, Kr.: *se:* Jensen, Kr. Sandfeld.
Sandved, A. O. 1994: »English Studies in Norway towards the End of the 19th Century – Otto Jespersen and Johan Storm.« I: Nielsen & Zettersten (*eds.*) 1994:55-65.
Sandved, A. O. 1998: *Fra »kremmersprog« til verdensspråk. Engelsk som universitetsfag i Norge 1850-1943.* Forum for universitetshistorie. Skriftserie 3. Oslo.
Sandved, A. O. 2000a: Nekrolog over Paul Christophersen. *Aftenposten* (morgen) 13/1 2000.

Sandved, A. O. 2000b: »Some Aspects of the History of English Studies in Norway.« I: Engler & Haas (*eds.)* 2000:103-121.
Schibsbye, K. 1936: *Om de udvidede Verbalformers Begreb og Anvendelse i moderne Engelsk.* København.
Schou-Rode, G. 1995: »Bibliography of the Writings of Otto Jespersen during his Lifetime.« I: Juul & Nielsen (*eds.*) 1995:306-80.
Seip, D. A. 1966: »Storm, Johan Frederik Breda.« *Norsk Biografisk Leksikon* (*eds.*: Jansen, J., Ø. Anker & G. Bøe. Oslo) XV:77-82.
Sevaldsen, J. 1992: »Culture and Diplomacy: Anglo-Danish Relations 1945-49.« I: Nielsen 1992b:9-46.
Shaw, G. B. u.å.: *Spoken English and Broken English. Written and Spoken by Bernard Shaw.* [2 grammofonplader og tilhørende teksthefte.] The Linguaphone Institute. 24-27 High Holborn. London W.C.1.
Sheppard, L. (*ed.*): *Twentieth Century Catholicism.* New York.
Sivertsen, E. 1968: »Daniel Jones.« (Nekrolog.) *Phonetica* 18:193-197.
Sivertsen, J. 1973: *Hammerfest 1789-1914.* Hammerfest.
Skovgaard-Petersen, V. 1976: *Dannelse og demokrati. Fra latin- til almenskole. Lov om højere almenskoler 24. april 1903.* København.
Skytte, G. 1991: *Kr. Sandfeld. En hovedperson i dansk romanistiks historie.* København.
Skytte, G. 1994: *Kr. Sandfeld. Vie et oeuvre.* København.
Skårup, P. 1997: »En oldfransk og en oldoccitansk morfologi.« *HERMES* 19:69-74.
Sløk, J. 1994: »Indførelsen af vejledere på universiteterne bringer niveauet ned på folkeskoleplan.« *Jyllands-Posten* 14/7.
Smith, S. 1944: »En dansk fonetikers fødsel. Otto Jespersen & Felix Franke.« *Nordisk Tidsskrift for Tale og Stemme,* 8. Aargang:4/5:27-49.
Stannard Allen, W. 1954: *Living English Speech.* London.
Sten, H. 1956: *Manuel de phonétique française.* København.
Storm, J. 1860a: »Tale og Accent i Forhold til Sang. I.« *Illustreret Nyhedsblad,* nr. 40 (30/9 1860):169f.
Storm, J. 1860b: »Tale og Accent i Forhold til Sang. II.« *Illustreret Nyhedsblad,* nr. 42 (14/10 1860):177f.
Storm, J. 1871: *De romanske Sprog og Folk. Skildringer fra en Studierejse med offentligt Stipendium.* Kristiania.
Storm, J. 1874 [1875]: »Om Tonefaldet (Tonelaget) i de skandinaviske Sprog.« (Foredraget den 6. Marts 1874. Separat aftrykt af Christiania Videnskabs-Selskabs Forhandlinger for 1874.) Kristiania 1875.
Storm, J. 1879: *Engelsk Filologi, I. Det levende Sprog. Anvisning til et viden-*

skabeligt Studium af det engelske Sprog for Studerende, Lærere og Viderekomne. Kristiania.

Storm, J. 1881: *Englische Philologie. Anleitung zum wissenschaftlichen Studium der Englischen Sprache. Vom Verfasser für das deutsche Publikum bearbeitet. I. Die lebende Sprache.* Heilbronn.

Storm, J. 1884: »Norsk Lydskrift med Omrids af Fonetiken«. I: *Norvegia. Tidsskrift for det Norske Folks Maal og Minder*:19-132. Udgivet av Samfundet for Norske Maal og Traditioner. 1884, 1902, 1908. Kristiania (1908).

Storm, J. 1886a: »Romance languages.« I: *Encyclopedia Britannica,* Ninth edition, 20:661-668. Edinburgh.

Storm, J. 1886b: »Nogle Bemærkninger om Diftongdannelsen i de romanske Sprog.« Foredrag refereret i: Linder 1893:xxxiv-xliii.

Storm, J. 1887a: *Franske Taleøvelser. En systematisk Fremstilling af det franske Talesprog gjennem Samtaler af det daglige Liv, ordnede efter Grammatiken. Mellemtrin.* Norsk udgave. København.

Storm, J. 1887b: »Om en forbedret undervisning i levende sprog.« *Norske Universitets- og skole-annaler.* Ny Række, nr. 11-13, 2den Aargang. Kristiania.

Storm, J. 1892-96: *Englische Philologie. Anleitung zum wissenschaftlichen Studium der Englischen Sprache. Vom Verfasser für das deutsche Publikum bearbeitet. Zweite, vollständig umgearbeitete und sehr vermehrte Auflage. I. Die lebende Sprache. 1. Abteilung: Phonetik und Aussprache. 2. Abteilung: Rede und Schrift.* Leipzig.

Storm, J. 1893: »Om musikalsk Tonelag; især i kinesisk.« Referat af foredrag torsdag den 21. juli 1892 ved det fjerde nordiske filologmøde i København. I: Jørgensen (*ed.*) 1893:193-203.

Storm, J. 1895: »Indfødte Lærere i levende Sprog ved Universitetet.« *Vor Ungdom*:18-20.

Storm, J. 1897: *Franske Taleøvelser. En Fremstilling af det franske Talesprog gjennem Samtaler af det daglige Liv. Høiere Trin.* Norsk udgave. København.

Storm, J. 1903: *Landsmaalet som Kultursprog.* Rigsmaalforeningens Smaaskrifter VIII. Kristiania.

Storm, J. 1904: *Norsk Retskrivning.* I. Nystaverne og deres radikale Reform. Kristiania.

Storm, J. 1906a: *Norsk Retskrivning.* II. Moderat reformeret Retskrivning. Hefte 1-2. Kristiania.

Storm, J. 1906b: *Bibelsproget. En Fremstilling af Sproget i den nye Oversættelse af Det Nye Testamente (1904).* Kristiania.

Storm, J. 1908: »Norsk Lydskrift med Omrids af Fonetiken. Andet Afsnit.« I: *Norvegia. Tidsskrift for det Norske Folks Maal og Minder*:133-179. Udgivet av Samfundet for norske Maal og Traditioner. 1884, 1902, 1908. Kristiania (1908).

Storm, J. 1911a: *Om Nabosprog og Grænsedialekter*. Skrifter utg. av Videnskapsselskapet i Kristiania, II. Kristiania.

Storm, J. 1911b: *Større fransk Syntax. I. Artiklerne*. Kristiania & København.

Storm, J. 1914: *Større fransk Syntax II. Præpositionerne*. Kristiania & København.

Storm, J. 1919: *Større fransk Syntax III. Substantiver, Adjektiver og Verber*. Kristiania & København.

Sunesen, B. 1999: Anmeldelse af: Christophersen 1999. *Uddannelseshistorie 1999*. 30. årbog fra Selskabet for Dansk Skolehistorie (Odense):187-189.

Svanholt, O. 1968: *Bøger og metoder i dansk fremmedsprogundervisning*. København.

Sweet, H. 1877: *A Handbook of Phonetics*. Oxford.

Sweet, H. 1885: *Elementarbuch des gesprochenen Englisch*. Oxford. [Genudgivet 1964 i serien *Language and Language Learning*, Oxford University Press.]

Sweet, H. 1899: *The Practical Study of Languages. A Guide for Teachers and Learners*. London.

Sørensen, K. 1968: »Engelskundervisningen i Danmark historisk betragtet.« I: *Engelskundervisning analyseret i ni artikler* 127-37. [Engelsk udgave: »The Teaching of English in Denmark: A Historical Survey.« I: *Paedagogica Historica* 1971: XI:1:90-101.]

Sørensen, K. 1985: *Charles Dickens: Linguistic Innovator*. Acta Jutlandica 61. Aarhus.

Sørensen, K. 1989a: »Narrative and Speech-Rendering in Dickens.« *Dickens Quarterly* VI:4:131-141.

Sørensen, K. 1989b: »The Teaching of English in Denmark and Otto Jespersen.« I: Juul & Nielsen (*eds.*) 1989:29-41.

Tellefsen, J. C. (*ed.*) 1887: *Fortegnelse over de akademiske Borgere ved Norges Universitet 1881-1886 alfabetisk ordnet med tilføiet Alder, Dimission, Examenskarakter og nuværende Stilling (Fortsættelse af Fortegnelsen over Fortegnelsen over Studenterne fra 1813-1880)*. Christiania.

Thomsen, V. 1913: Tale af Vilhelm Thomsen, indtalt den 24/9 1913. Grammofonplade, opst. nr. AK00108. Statsbiblioteket i Aarhus.

Torkildsen, H. E. 1902: *De engelske Præpositioner. En praktisk, systematisk Fremstilling af deres Brug i det moderne Sprog*. Kristiania.

Tuxen, J. K. & O. Tuxen 1978: *Vejen til universitetet. Litteraturen om den universitetsforberedende undervisning fra reformationen til nutiden. En bibliografi.* Udgivet af Selskabet for Dansk Skolehistorie. København.
Universitetet i Oslo 1911-1961, I-II (1961). Oslo.
van Els, T. M. J. 1992: »Foreign language teaching in the Netherlands, 1880-1940: an outline of methodological developments.« I: Giroud (*ed.*) 1992:35-47.
Var, H. A.. 1894: »Der maa knyttes indfødte lærere i moderne sprog til universitetet.« *Vor Ungdom*:686-690.
[Verner, K.] 1903: *Karl Verner. Afhandlinger og Breve udgivne af Selskab for Germansk Filologi med en Biografi ved Marius Vibæk.* København.
Vesey, G. (*ed.*) 1977: *Communication and understanding.* 1975-6 Royal Institute of Philosophy Lectures. Hassocks.
Viëtor, W. [pseud. Quousque Tandem] 1882: »Der Sprachunterricht muss umkehren!« Heilbronn. [Engelsk oversættelse i: Howatt 1984:344-363.]
Vinterberg, H. 1959: *Dansk-engelsk ordbog.* 6. udgave. (Fortsættelse af Magnussen, Madsen & Vinterberg 1919. Fortsat i Vinterberg & Axelsen 1967.) København.
Vinterberg, H. & J. Axelsen 1967: *Dansk-engelsk ordbog.* 7. udgave. 8. udgave 1978. (Fortsættelse af Vinterberg 1959. Fortsat i Axelsen 1984.) København.
Wallem, F. B. 1916: *Det norske Studentersamfund gjennem Hundrede Aar. 1813 - 2. Oktober - 1913.* 1-2. Kristiania.
Western, A. 1890: »Fra Sverige.« *Quousque Tandem Revy* No. 8-9, Oktober:60-62.
Western, A. 1920: »Johan Storm.« (Nekrolog.) *Nordisk Tidsskrift for Filologi,* 4. Række, IX:147-154.
Wolff, E. 1779: *En dansk og engelsk Ord-Bog.* London.
Wulff, F. A. 1885: *Svenska språkets ljudlära och beteckningslära.* Lund.
Östlind, O. 1997: *Den okände Henry B. Goodwin.* Stockholm.

Utrykte

Fuldstændige oplysninger er givet i noterne.

Breve fra Otto Jespersen til Felix Franke. Det Kgl. Bibliotek.
Breve fra Otto Jespersen til Johan Storm. Nationalbiblioteket, Oslo.

Breve fra Johan Storm til Sophus Bugge. Nationalbiblioteket, Oslo.

Breve fra Johan Storm til Frederik V. Hegel. Det Kgl. Bibliotek.
Breve fra Johan Storm til Otto Jespersen. Det Kgl. Bibliotek.
Breve fra Johan Storm til Henry Sweet (konceptform). Nationalbiblioteket, Oslo.
Breve fra Johan Storm til Vilhelm Thomsen. Det Kgl. Bibliotek.

Breve fra Louise Storm til Vilhelm Thomsen. Det Kgl. Bibliotek.

Brev fra Aage Storm til Vilhelm Thomsen. Det Kgl. Bibliotek.

Breve fra Henry Sweet til Johan Storm. Nationalbiblioteket, Oslo.

Breve fra Vilhelm Thomsen til Johan Storm. Det Kgl. Bibliotek.

Manuskriptsamlinger i Universitetsbiblioteket i Bergen.

Noter

1. Storm 1871:1.
2. Sandved 1998 er anmeldt i Langholm 1999, Linn 2000a og Nielsen 1999. En senere oversigtsartikel på engelsk er Sandved 2000b.
3. Elseus Sophus Bugge (1833-1907), cand. phil. 1857, fra 1866 professor i sammenlignende sprogvidenskab og oldnorsk i Kristiania.
4. Storm til Bugge 24/5 1869. Nationalbiblioteket, Oslo. Brevsamling nr. 2.
5. Storm 1871:2f.
6. Storm 1871:4.
7. Gaston Paris (1839-1903) var fra 1872 professor i fransk middelalderlitteratur ved Collège de France.
8. Storm 1871:11.
9. Storm 1871:14.
10. Storm 1871:15.
11. Storm 1871:20.
12. Storm 1871:20.
13. Storm 1871:20f.
14. Storm 1871:23.
15. Storm 1871:51.
16. Storm 1871:84.
17. Storm 1871:112.
18. Storm 1871:108.
19. Storm 1871:126.
20. Storm 1871:127.
21. Howatt 1984:181.
22. Skytte 1991:11. Se også Skytte 1994, der indgående beskæftiger sig med Sandfelds produktion.
23. Jespersen 1920.
24. Sandved 1998:15.
25. Jf. for Danmarks vedkommende Skovgaard-Petersen 1976:43ff. & 203ff.
26. Sandved 1998:15.
27. Dvs. »examen philosophicum«, et overgangsled mellem på den ene side undervisningen i den lærde skole, der afsluttedes med adgangseksamen til universitetet (*examen artium*), og på den anden side det egentlige universitetsstudium. Se Sandved 1998:12f. og især Rørvik 1999.
28. Jf. Hambro 1937:60, som efter oplysningen om studentereksamen supplerer: »og dermed begyndte hans egen lærergjerning. Han skulde hjælpe sin mor og

alle sine søskende; han gav privatinformationer, og han underviste ved Siewers pikeskole og ved Nissens latin- og realskole. I fristundene arbeidet han med sine studier og sin eksamenslæsning. Intet under at det gik ni år før han blev kandidat.«

29. Ved reformen i slutningen af 1850'erne var der på Krigsskolen blevet »innført et sivilt fag som var nytt i Krigsskolens historie, nemlig engelsk. Så langt var det bare militærnasjonene Tysklands og Frankrikes språk det var blitt undervist i. Moderne språk ble opfattet som en integrert del af realdannelsen, og som instrumentelle i forhold til 'Opfyldelsen af Officerens vigtigste Kaldspligter'. Og selv om engelsk kanskje ikke var så nyttig for en officer som fransk og tysk, burde det likevel nå få sin plass.« (Hoser 2000:134)
30. Se Storm til Bugge 2/1 1869 om Storms forarbejder (Nationalbiblioteket, Oslo. Brevsamling nr. 2).
31. Storm til Bugge 3/12 1876. Nationalbiblioteket, Oslo. Brevsamling nr. 2.
32. Notitsen er fremdraget af Elias Bredsdorff (1960:326 (note 155)) i hans bog om Gosses brevveksling med skandinaviske forfattere.
33. Hambro 1937:59-75 (citatet er taget fra s. 73). Storms ansøgning er trykt i *Storthingsforhandlinger* 1877, II b, Sth. Prp., No. 42.
34. Western 1920:153.
35. Jespersen 1938:5.
36. I sit forord til den engelske udgave af Jespersens selvbiografi bemærker Paul Christophersen således: »In an obituary of Jespersen in *Acta Linguistica*, vol. III (1942-3), Louis Hjelmslev expressed regret that Jespersen wrote his autobiography so late in life that it failed to convey a true impression either of his personality as others had known him or of 'la richesse de sa vie'. Perhaps what Hjelmslev had in mind, and would have liked to hear more about, was the succession of intellectual campaigns in which Jespersen had been actively involved – [...] During most of his life, Hjelmslev said, Jespersen had been 'le Jacobin parmi les linguistes', the iconoclast challenging all authority and all conservative tradition; but in his old age, as it seemed to Hjelmslev, he had lost his radicalism and fighting spirit. In fairness to Hjelmslev it should be pointed out that the rest of his long obituary is a sympathetic and carefully considered appraisal of Jespersen's achievement (Christophersen 1995:xiv-xv (med henblik på især Hjelmslev 1942-43:122f.)).
37. Paludan 1954:39.
38. Sandved 1998:120.
39. Lindhardt 1954:75. – Med hensyn til andre mulige kilder til belysning af Storm bemærkes følgende: Et særdeles interessant forsøg på at skildre sider af Storm, der ikke, så vidt vides, efterlod sig dagbøger, er gjort af Linn i form af et foredrag om »Johan Storm's Diaries«, i hvilket han med baggrund i bl.a. Storms korrespondance præsenterer fiktive dagbøger (Linn 2000b og Linn 2001). Se i øvrigt Paludans tanker om dagbøger som kildemateriale (Paludan 1937).

40. I Jespersens selvbiografi (1938) optræder det fotografiske portræt af Vilhelm Thomsen på samme side (mellem s. 182 og 183) som portrættet af Henry Sweet (se nedenfor om denne).
41. Storm 1871:53.
42. I Bergen-fortegnelsen mærker den som har læst Storms rejsebeskrivelse sig eksempelvis ms. 740 k: »Romansk. Spansk, med indklæbede Breve fra Don Turibio del Campillo, Madrid, Don Fernando Aranjo, Salamanca i Tiden 1870-1888: 4°, 25 beskr. Bl., H.« Se Storm 1871:111f. om »Dr. Campillo«, der havde »den Godhed at følge mig omkring paa Bibliothekerne og Arkiverne og udpege de mærkeligste og interessanteste Ting for mig«, og »forestillede mig for mange Bibliothekarer og Arkivarer ligesom ogsaa for flere Professorer, som alle vare overmaade forekommende og velvillige, og hvad mere er, ligefremme; der var imellem dem et vist gemytligt Broderskab, hvoraf ogsaa den Fremmede fik nyde godt«.
43. Brev af 4/4 1921. KB, NKS 4291 II-4°.
44. Storm til Thomsen 18/5 1888. KB, NKS 4291-4°. – Storm tilføjer i brevet: »Jeg klæber dem ind i et Hefte paa smaa Læg eller Lister af Papir. Opfindelsen er min egen.«
45. Jeg er Arne Andersen, Det Kgl. Bibliotek, taknemlig for denne oplysning. De fire fotografier er følgende:

    (1) KB 1932, Nr. 342: Stipendiat J. Storm, Christiania. F. Martini, Stabilimento Fotografico, Via Palazzuolo No. 7, Sul canto della Via de Fossi, Firenze.

    (2) KB 1932, Nr. 207: Portræt 26/4 73. Mimi Frellsen, Nedre Slotsgade No. 21, Christiania.

    (3) KB 1932, Nr. 205: Portræt Sept. 1895. M. Gleditsch, Grændsen 19, Christiania.

    (4) KB 1932, Nr. 173: Portræt. Forbech, Christiania.

    Hvad angår datering af (4), kan det siges at det efter alt at dømme må være fra perioden 1898-1911, som var den første af de to perioder hvor Ludvig Forbech havde atelier i Karl Johansgt. 35 (se Bonge 1980:127).
46. Sandved 1994.
47. Jespersen 1885.
48. Storm til Jespersen 15/6 1885. KB, NKS 3975-4°.
49. Storm 1887a.
50. Se beretningen i Grieg 1956 om Frederik Hegels betydning for norsk litteratur og hans forhold til Bjørnstjerne Bjørnson, Henrik Ibsen, Jonas Lie og Alexander Kielland.
51. Storm til Hegel 18/6 1886. KB, NKS 3742-4°. – Sml. Storm til Hegel [koncept] 18/6 1886. Nationalbiblioteket. Oslo. Ms.8° 2407 F7/I (og jf. Jespersen til Storm 16/6 1886 (Nationalbiblioteket, Oslo. Ms.8° 2407 F7/I)), som Storm modtog før han skrev brevet til Hegel, og hvori Jespersen nægter at gå videre med arbejdet og går i rette med Storm.

52. Storm til Jespersen 31/7 1890. KB, NKS 3975-4°.
53. Jespersen 1889.
54. Jespersen til Storm 13/9 1890. Nationalbiblioteket, Oslo. Ms. 8° 2402 J/1.
55. Der er her tale om dels Fredrik Amadeus Wulff (1845-1930), professor i romanske sprog i Lund (1888-1910) og forfatter til en svensk fonetik (Wulff 1885), dels nordmanden August Western (se nedenfor s. 98ff.).
56. Storm til Jespersen 27/9 1890. KB. NKS 3975-4°.
57. Christophersen 1989a:5; jvf. desuden Christophersen 1972:3 og 1989b, Bodelsen 1943:141f. og Bodelsen 1964b:193. – I sit tilbageblik i 1938 funderede Jespersen herover. Han bemærker at han »hører til dem der [...] hellere sir nej og jamen end ja og amen« og ofte har »været polemisk; det har lig get i min natur at sige imod så skarpt og bestemt som muligt, og ikke altid har jeg måske søgt at udtrykke mig på en så hensynsfuld måde som muligt. Her må jeg imidlertid takke min kone: hun læste ikke meget av mine i strengeste forstand videnskabelige værker, men hvor hun kunde, og især da i foredrag, mindre artikler og breve, mildnede hun altfor skarpe udtalelser og fik mig til at indse det rigtige heri.« (Jespersen 1938:223). Et par år forinden havde der været et eksempel på hvor kategorisk Jespersen kunne gå til værks, nemlig hans opposition mod disputatsen der i 1936 publiceredes af Knud Schibsbye (1904-82), medarbejder på Jespersens *A Modern English Grammar* og senere (1950-74) professor i engelsk i København (jf. den fire år senere trykte karakteristik (Jespersen 1909-49: V:416) af Schibsbyes arbejde, og se tillige Kabell & Lauridsen 1995:65-67).
58. Jf. Fischer-Jørgensen 1979:410 (om Jespersen 1897-99): »[...] da Jespersen var en fortræffelig iagttager kan bogen stadig læses med stort udbytte. Det der står er korrekt, den er kun forældet ved det der ikke står, og som man med datidens metoder ikke kunne vide. Kun i det lille afsnit om akustik virker den forældet.«
59. Storm til Thomsen 3/1 1898. KB, NKS 4291-4°.
60. Storm til Thomsen 27/2 1898. KB, NKS 4291-4°.
61. Således betegner Jespersen Thomsen under sin omtale af indledningen i 1881 til »mit bekendtskab med denne herlige mand« (Jespersen 1938:29).
62. Storm til Thomsen 11/7 1898. – Fem år tidligere havde George Stephens (1813-95) trukket sig tilbage fra sin stilling ved universitetet (se Kabell 1996 om den farverige Stephens og Jespersen), og Storm skriver i den anledning til Thomsen følgende: »Jeg havde ikke set, at Prof. Stephens har taget Afsked. Det vilde jo være simpelthen latterligt, om nogen anden end Jespersen skulle faa Posten efter ham. Det gaar nok i Orden af sig selv; du faar vel sikkert et Ord at sige i den Sag. [...]«. Men også her ser vi hvad Storm har opfattet som anstødelige personlighedstræk hos Jespersen: Storm fortsætter kort efter i brevet: »Naar Jespersen bliver Prof. i Engelsk, faar han vel en meget smuk Stilling. Jeg vil da tænke, at det ungdommelige flotte og overmodige, som endnu klæber ved ham, maa forsvinde eller tabe sig; det bliver jo ikke længe-

re nødvendigt at hævde sin egen Overlegenhed saa stærkt« (Storm til Thomsen 2/1 1893. KB, NKS 4291-4°).

Som Storm så det, var der tale om en generationsforskel: der er, som han udtrykker sig i samme brev, »ved disse yngre en vis Hensynsløshed og Paagaaenhed, som ikke sjelden gjør Indtrykket af Mangel paa Kultur«.

63. Se Jespersen 1938:84f. om den dramatiske cykeltur (før frihjulets og baghjulbremsernes tid), hvor zigzagvejen ned fra Stalheim nær havde sat et punktum for Jespersens produktion.
64. Thomsen til Storm 23/1 1878. KB, NKS 4291-4° II.
65. Thomsen til Storm 26/4 1873. KB, NKS 4291-4° II.
66. Storm til Thomsen 18/5 1888. KB, NKS 4291-4°.
67. Storm til Thomsen 7/11 1888. KB, NKS 4291-4°.
68. Storm til Thomsen 26/1 1878. KB, NKS 4291-4°.
69. Paludan 1963:1:177.
70. Sunesen 1996:113.
71. Se Christophersen 1995:xx.
72. Sunesen 1996:113.
73. Opgaven er i gode hænder: Se Linn [under udarbejdelse].
74. Videnskabshistorikeren vil måske sande hvad forslagsstillerne erklærede da medicinhistorikeren Frederik Grøn (1871-1947) blev indvalgt i Det Norske Videnskaps-Akademi (han blev medlem 15/3 1940): »Den som arbeider med videnskapens historie, vil ofte mærke hvor vanskelig det er å hevde sin stilling både som fagmann i sin hovedvidenskap og som historiker, idet han lett blir hjemløs på begge områder« (citeret i Amundsen 1957-60:II:341).
75. Halperin 1996:158. – Halperin bemærker sammesteds: »It is inevitable that a biography, like any other written work, must also in part be autobiographical. 'When a man is attempting to describe another's character,' Coleridge wrote in his Notebook, 'he may be right or he may be wrong – but in one thing he will always succeed, in describing *himself*.'«
76. Jf. Halperin 1996:159f.
77. Lindhardt 1951:11f. – I det forudgående diskuterer Lindhardt hvad han kalder »et både rimeligt og sobert« men også »umuligt« krav til historikeren at skildre »*hvordan det egentlig var*«, hvordan det egentlig gik til – thi, som han siger, »i forholdet til historien mangler historikeren altid samtidighed«. Lindhardt uddyber dette ved at sammenligne historikeren med den obducerende læge. Lægen har ved sig de redskaber som er fornødne, og hvis brug han må beherske; han obducerer og forklarer at »sådan og sådan var dette menneske, af de og de skrøbeligheder led han, af det eller det døde han«.

Han fortsætter:

»Og i alt det har lægen – hvis han kan sin profession ordentligt – formodentlig ret; han giver et billede af den døde, og det er i alle enkeltheder sandt og troværdigt, men det siger blot ikke det væsentlige om manden der på bordet, for det væsentlige om ham kunne kun siges, da han levede, da hans liv endnu var fremadvendt mod morgendagens mørke med den risiko og det ansvar, som flyder deraf. Nu er hans liv forbi, og hvad der herefter lader sig sige om ham, er vel *sandt*, men det er ikke det mindste virkeligt. Historikeren ligner i en vis forstand lægen: foran ham ligger de døde, men ikke i slet så håndgribelig forstand som foran lægen. De ligger der så at sige kun i de brudstykker, som de har efterladt sig, og som ved en række uberegnelige tilfældigheder og uoverskuelige omstændigheder er blevet bevaret. På dette grundlag skal han gribe til sine redskaber og føre undersøgelsen forsvarligt igennem. Og en historiker har mange redskaber, han må have begreb om mere end een slags videnskab, hvis der skal blive hold i hans arbejde, men hans fornemste redskab til at forstå de døde med – det er ham selv. *Han er sit eget vigtigste redskab*. Han forstår med sin egen personlighed, han har aldrig i sit arbejde mulighed for at se bort fra sig selv og se (som man siger) objektivt på tingene; han forstår de andre som den, han selv er. Hans egen kulturforståelse, hans politiske eller religiøse indstilling former umærkeligt og uundgåeligt billedet af de døde. De samme kilder tolkes vidt forskelligt af forskellige forskere.« (Lindhardt 1951:11)

78. I 1873 var Storms adresse Pilestrædet 30 (Storm til Thomsen 24/4 1873. KB, NKS 4291-4°). Storm meddeler i 1874 at »Vi ere nu flyttede til et ufærdigt Hus i en ufærdig Gade »Holbergs Gade«, Bygmester Christiansens Gaard, Nummer vides endnu ikke« (Storm til Thomsen 8/11 1874. KB, NKS 4291-4°)). Adressen blev Holbergs gate 33. Her boede familien indtil foråret 1885, hvorefter den flyttede til et hus (nu forlængst nedrevet) Storm havde købt på Kirkeveien 39. Med hans ord til Thomsen: »Jeg maa fortælle dig, at jeg har kjøbt et lidet Hus med Have i Nærheden, paa 7-8 Værelser foruden en Del mindre Rum, hvor vi skal bo alene; vi skal flytte ind til Vaaren (som vi sige, ikke Foraaret) og glæde os ret dertil.« (Storm til Thomsen 20/10 1884. KB, NKS 4291-4°).
79. »Skulde vi ikke tænke paa en international Sikrelse af literær Eiendom.« (Storm til Thomsen 27/11 1878. KB, NKS 4291-4°). – Se også f. eks. Storms brev til sin danske forlægger, Frederik V. Hegel på Gyldendal (Storm til Hegel 28/1 1887. KB, NKS 3742-4°)
80. Således også i et brev fra Storm til Sophus Bugge, hvor han forudser hvordan han måske bliver »nødt til at lade mit Arbeide fare og blot lægge mig efter Madstrævet; søge Bifortjeneste paa alle Hold og lade Videnskaben gaa som den kan.« (3/12 1876. Nationalbiblioteket, Oslo. Brevsamling nr. 2) Jf. også f. eks.: »Det koster at leve her i Kristiania, det får jeg føle, som har sex Børn!« (Storm til Thomsen 23/12 1877. KB, NKS 4291-4°).

Ansøgningen om understøttelse til fuldførelse af værket om norsk sprog (jf. ovenfor p. 21) indeholder kontante oplysninger om Storms økonomiske forhold på det daværende tidspunkt, hvor »jeg er 40 Aar gammel, har Hustru og fem børn« (Hambro 1937:68), og om det som længe fortsat skulle plage Storm mest af alt, nemlig: »Jeg har i mange Aar været hindret og sinket i mit videnskabelige Arbeide ved trange Kaar. Videnskaben kræver nu mere end nogensinde en udelt Hengivelse, Ens hele Tid og Kraft, ellers bliver det halvgjort Arbeide og Dilettanteri. I andre Stillinger kan man maaske uden synderlig Skade drive Bisysler, naar Embedet kun kræver visse Timers Arbeide uden synderlig Forberedelse. Men at tage det paa den Maade er for en Professor absolut skadeligt. Derfor lever ogsaa Videnskaben her for en stor Del et forkrøblet Liv. Der er under de nuværende Forholde ugjørligt blot at følge med hvad der udkommer; ikke har man Raad til at anskaffe Bøger, og ikke Tid til at læse dem. Jeg er formodentlig den eneste romanske Professor i Verden, som ikke har havt Raad til at anskaffe Littrés franske Lexikon!« (»et smertens skrik«, bemærker Hambro, »som det sikkert har kostet den reserverte, strengt diskrete og overordentlig stolte mand en hård kamp at fæste til papiret« (jf. Hambro 1937:66f.)).

81. Storm til Thomsen 17/9 1899. KB, NKS 4291-4°.
82. Storm til Thomsen 11/4 1897. KB, NKS 4291-4°.
83. Storm 1871:123.
84. Jespersen 1938:83.
85. Storm til Thomsen 7/5 1883. KB, NKS 4291-4°.
86. Jespersen 1938:84.
87. Jf. MacMahon 1991:16f. – En kort, udmærket fremstilling af Sweet er givet i Collins & Mees 1999:42-50, 93-97 og i Howatt 1984:179-191. Se endvidere Jespersen 1938:156f. om Sweet og Oxford og om manuskriptet til Sweets selvbiografi, hvis skæbne Jespersen ikke har kunnet klarlægge, og som han omtaler som »et yderst interessant document humain, der vakte dyb medfølelse og gav nøglen til meget i hans karakter«. Jf. tillige MacMahon 1990:4, der behandler Sweets korrespondance med den islandske leksikograf og filolog *Guðbrandur Vigfússon* (1827-89) – en korrespondance hvori »we find the breezy and humane side of an otherwise notoriously temperamental and jealous English scholar – 'difficult to have dealings with' as the Victorian saga translators would have said. The letters show the other-centred side of the sometimes self-centred Henry Sweet – encouraging and supporting a fellow philologist [...]«.
88. Sweet til Storm 3/4 1883. Nationalbiblioteket, Oslo. Ms. 8° 2402 J/vi.
89. Sweet til Storm 10/6 1883. Nationalbiblioteket, Oslo. Ms. 8° 2402 J/vi.
90. Jf. MacMahon 1994.
91. Storms koncept af 17/4 1892. Nationalbiblioteket, Oslo. Ms. 8° 2402 J/vi. – På nogenlunde samme tid, i sin *Englische Philologie*, havde Storm nævnt et svar fra Sweet til Soames der forekom ham at være holdt i en påfaldende »gereizten Ton« (Storm 1892-96, I:1:447: n.1).
92. Sweet til Storm 16/12 1886. Nationalbiblioteket, Oslo. Ms. 8° 2402 F7/I.
93. Som disse linjer skrives, ser jeg at der er udsigt til en behandling af emnet i Kabell & Lauridsen [under udgivelse] (jf. Kabell & Lauridsen 1999 og Kabell 2000).

94. Jf. Storms meddelelse til Thomsen: »Jeg havde ogsaa tænkt lidt paa at oversætte min »Engl. Filol.« paa Engelsk, men antager, at der ville blive solgt mindre af den, end om den kom paa Tydsk. ...« (7/2 1879, KB. NKS 4291-4°).
95. Se Schou-Rode 1995:308.
96. Jespersen 1938:28.
97. Jf. Storm 1879:37 og Sweet 1877:ix.
98. Jespersen 1925:9.
99. Jespersen til Storm 25/11 1884. Nationalbiblioteket, Oslo. Ms. 8° 2402/J1. – Sml. Storm til Jespersen 30/10 1884. KB, NKS 3975-4°.
100. Dahlerup & Jespersen 1889. Se Haislund 1956 om Jespersens tidlige interesser; se endvidere Smith 1944.
101. Jf. Sandved 1998:148f. – Om Sweet se i øvrigt Asher & Henderson 1981 og Henderson 1971.
102. Quirk 1974:164f. – Se også Howatt 1984:57f. om tidlige eksempler på hvorledes »non-native« lærebogsforfattere, f. eks. Guy Miège i slutningen af 1600-tallet, »were sensitive to aspects of English [...] which the natives tended to overlook.«
103. Storm til Jespersen 30/10 1884. KB, NKS 3975-4°.
104. MacMahon 1991:15.
105. Storm 1879:321.
106. Storm 1879:274-276.
107. Hammerich 1944:47.
108. Jespersen 1938:217.
109. Storm 1879:45, note 2; sml. Sweet 1877:195. Et andet godt eksempel ses i følgende: Det er fornylig fremført at den engelske fonetiker Daniel Jones (1918:106; se tillige Gimson 1962:100f. (§7.12)) har beskrevet hvorledes /æ/ »may suffer optional lengthening before /d/ in certain adjectives, e.g. *bad*, *sad*, and before other voiced consonants in a number of nouns, e.g. *man*, *bag*, *jam*«, og at Jones synes at have været den første der har observeret dette fæno men (Collins & Mees 1999:235). Men det var ikke nyt for Storm i 1879: Under sin præsentation af en tysk beskrivelse af udtalen af *a* i *man*, *bad*, *cab*, *hand*, *hang* benytter han lejligheden til at bemærke at man »Som bekjendt [...] ofte [hører] *mään*, *häänd*, etc.«, og det kunne se ud til at han er opmærksom på en lang vokal i *cab* (Storm 1879:57; sml. Storm 1892-96:I:1:362). Det må tilføjes at det ikke var med Storms bog at der kom en generel beskrivelse af vokallængde i engelsk; den blev til med Sweet og senere fonetikere.
110. Sandved 1998:33ff.
111. Storm 1879:viii-ix.
112. Jf. Sandved 1998:49, der bemærker at Storm »betraktet litteratur(historie) som et fag som var fremmed for hans 'Studier og Anlæg'«. Han henviser (Sandved 1998:344, n. 92) til »et brev til Kollegiet datert 15. oktober 1875. KUDs [Kirke og undervisningsdepartementets] arkiv i RA, Skolekontoret, Journalbilag D, Eske 23.«

113. Storm 1892-96:I:2:1010.
114. Storm 1892-96:I:2:1016.
115. Jf. Storm 1892-96:I:2:1029f. om Jespersen 1891, i hvilken Jespersen fremsatte sin ide om »fremskridt i sproget«. Nok er Storms omtale kort, men den indeholder et skarpsindigt spørgsmål: »Er [Jespersen] betrachtet alles ausschliesslich vom praktischen, utilistischen Standpunkte. Die Sprache, welche der Erlernung die kleinste Summe Widerstand leistet, ist die beste. Lernen nun aber wirklich englische Kinder schneller rein zu sprechen als andere, z. B. russische od. polnische mit ihren 6-7 Kasus?« Se i øvrigt Hans F. Nielsen 1989 om Jespersens ide.
116. Storm til Thomsen 17/4 1894 (jf. tillige Storm til Thomsen 2/10 1893). KB, NKS 4291-4°.
117. Storm til Thomsen 15/3 1896 (sml. Storm til Thomsen 11/4 1897). KB, NKS 4291-4°.
118. Falk (1921:111) bemærker at Storm »var den første som videnskapelig behandlet det engelske vulgærsprog.« Jf. tillige Western 1920:151: »det [er] langt fra at han afferdiger vulgærsproget med et skuldertrekk. Han er tvertimot en av de første, om ikke den første, som har optatt det engelske vulgærsprog til videnskapelig behandling. I sin Engl. Philol. ofrer han derfor over 50 sider på vulgærsproget, som han behandler både fra den fraseologiske, grammatiske og fonetiske side.« – Storms valg af netop Dickens til sin eksemplifikation af »vulgærsproget« var udmærket; om sider af Dickens' sprog, se Sørensen 1985 og 1989a.
119. Storm 1879:277.
120. Storm 1879:ix.
121. Storm 1879:10.
122. Storm 1879:5f.
123. Storm 1879:6.
124. Storm 1879:7f.
125. Storm 1887a:iv.
126. Salling 1952:121.
127. Christophersen 1957:8.
128. Christophersen 1957:21f.
129. Storm 1879:7.
130. Storm 1879:7. – Se også Storm 1879:257f.
131. Storm 1887b:183.
132. Jf. Jespersen 1886:377f. og Jespersen 1901 i anden udgave (1935:153) .
133. Sine tanker om engelskundervisningen (første gang lanceret i Salling 1939 og senere i Salling 1948 samt for et norsk publikum Salling 1951) udviklede han i Salling 1952, der – velskreven som den var – skulle få stor betydning i Danmark (jf. Haastrup & Haastrup 1995:42-44 og tillige Salling 1968). Om gymnasieundervisningen i Danmark, se også bibliografien i Nørr 1985 og i Tuxen & Tuxen 1978. Om generationsforskelle i Danmark med hensyn til færdighed i engelsk, se især de interessante tal i Sevaldsen 1992:12f.

Om Salling i Norge beretter Gundem 1989:241f: »En av de tidlige store begivenheter var møtet med Aage Salling i 1953 om 'Forsøg med engelsk-undervisning' og med demonstration med elever i 5. klasse. Møtet var arrangert av Oslo engelsklærerlag, men det var skolemyndighetene i Oslo som betalte utgiftene i forbindelse med det. Gjennom møter som dette fikk ikke bare medlemmer af Oslo engelsklærerlag, men alle som underviste i engelsk i Oslo-skolen, møte 'radikale idéer' som skulle vise sig å ha stor gjennomslagskraft, idéer som gikk på at alle elever skulle kunne lære et fremmedspråk.«

134. Storm 1879:2.

135. Sweet 1877:95 citeret efter MacMahon 1998:519, der resumerer disciplinens historiske udvikling.

136. Jf. Dommerbogen XII,5f: »Gileaditterne afskar efraimitterne fra Jordans vadesteder, og hver gang en af flygtningene fra Efraim sagde: »Lad mig komme over«, spurgte Gileads mænd ham: »Er du efraimit?« Svarede han nej, sagde de til ham: »Sig shibbolet!« Hvis han så sagde sibbolet, fordi han ikke kunne udtale ordet rigtigt, greb de ham og huggede hovedet af ham ved Jordans vadesteder. Ved den lejlighed faldt der toogfyrre tusind efraimitter.«

137. Jf.: »Il est rare que des connaissances phonétiques imparfaites aient des effets aussi désastreux que ceux qui sont mentionnés dans la Bible (Juges XII 6). Il y a une catégorie de personnes pour lesquelles une parfaite maîtrise de la langue étrangère est tout à fait nécessaire: ce sont les espions. En dehors de ce cas c'est peut-être plutôt de la vanité de vouloir parler exactement comme les habitants d'un autre pays. Mais c'est une vanité assez inoffensive [...]« (Sten 1956:7f.).

138. Shaw (u.å.):13. – Udgivelsens bedste spor til en omtrentlig datering (1927) er at Shaw (født 1856) på den første pladeside omtaler sig selv som »an amiable old gentleman of seventy-one«.

139. Sten 1956:9. – Om Sten se Høybye & Spang-Hanssen 1979:251-253.

140. Crystal & Davy 1975:9. – Blandt danske engelsklærere skulle emnet blive genstand for en hed debat i 1962, da adjunkt Bent Nordhjem (1920-92), fra 1966 professor i engelsk ved Københavns Universitet, fremførte at nok var det et stivnet system som Jespersen o. a. løb storm mod, men »tiden [kan] godt være inde til at vi, arvtagerne efter den fonetiske revolution i slutningen af forrige århundrede, besinder os og spørger os selv om vi ikke er havnet i en ny ortodoksi? Har vi ikke gjort en gud af udtalen?« (Nordhjem 1962:7). Nordhjem, som fandt det »pædagogisk irrationelt at forfølge de udtalesvage og lyddøve med raffinerede fonetiske krav som de alligevel ikke kan honorere«, henviste til Christophersen 1961, hvori der luftedes muligheden af en særlig dansk-engelsk norm side om side med britisk-engelsk, amerikansk-engelsk osv. – en tanke der afgjort ikke deltes af fonetikeren Bengt Jürgensen (1919-85), som i en lang årrække var hovedmanden i undervisningen i engelsk fonetik ved Københavns Universitet (jf. Jürgensen 1962).

141. Problemerne har længe været diskuteret. Således f. eks. af Nickel, der bemærker: »The idea of the 'near-native speaker' or 'native-like' performance, hardly ever clearly defined, is a very frequent goal, which is mentioned or described in all kinds of regulations and guidelines, though one must admit that there has been a change towards more tolerance during the last few years, but very often there is no explicit explanation as to how perfect this competence should be.« (Nickel 1992:165)

142. Collins & Mees 1980:189-190. – Se i øvrigt den interessante diskussion af emnet i Collins & Mees 1992.

143. Western 1920:149f.

144. Storm til Thomsen 23/11 1890. KB, NKS 4291-4°.

145. Værdifuld formidling af Sweets iagttagelser ses også andre steder hos Storm end i hans hovedværk. F. eks. kaster han i et foredrag om romansk et blik på engelsk: »Ved nærmere Undersøgelser har Sweet fundet, at alle eller næsten alle lange engelske Vokaler nu udtales mere eller mindre diftongisk. [...]. Englænderen kan næsten ikke andet end forandre dem i Slutningen.« (Storm 1886b:xliii f.)

146. Jf. MacMahon 1998:373f.

147. Dette illustreres eksempelvis i en omtale af hvordan slutningen af ord som *prince* og *absence* udtales. MacMahon nævner mulighederne /-ns/ og /-nts/ og tilføjer om den sidste mulighed at »Sweet [...] was questioned on it by Johan Storm, [...] in the 1870s, which suggests that he had noticed it in educated English speech. Sweet is quite adamant that 'we never sound the (**t**) of (**ts**) after (**n**) in (**æbsns**), (**prezns**) etc.' (Sweet to Storm, 29 April 1877, 18 May 1879)«. Han tilføjer at dette er et indicium for at udtalen med /t/ blev til i løbet af anden halvdel af det nittende århundrede (MacMahon 1998:478f.). Jf. også Storms iagttagelse af »open e« i ordet »honest« (»as in *pen, nest, guest*«) (MacMahon 1998:425).

148. Storm 1892-96: I:l:417.

149. Storm 1892-96:I:1:419. På de følgende sider, i forbindelse med en minutiøs gennemgang af Sweets og en række andre fonetikeres synspunkter, fornemmes Storms engagement i emnet tydeligt. – Hvad angår den senere diskussion i England, se Collins & Mees 1999:104-111, som beskriver hvor højt bølgerne gik da den daværende »poet laureate«, Robert Bridges, i forbindelse med en beklagelse af »the degradation of the unaccented vowels« og »phonetic decay« angreb fonetikeren Daniel Jones; se endvidere Collins & Mees 2001 herom. Debatten genfindes i britisk radiofonihistorie, idet spørgsmålet om de ubetonede vokaler dukkede op i en *Advisory Committee on Spoken English*, som tidligt blev etableret for BBC. Her blev det synspunkt fremsat at alle vokaler i ubetonede stavelser burde have »a flavour of their original character«, dvs. at f. eks. *parody* og *parasite* burde udtales henholdsvis som »/pærodi/« og »/pærasait/« (Leitner 1979:45 ; jf. tillige Leitner 1982:100f. og Leitner 1989:18-23).

150. Storms koncept af brev til Sweet af 23/2 1889. Nationalbiblioteket, Oslo. Ms. 8° 2402 J/vi.
151. Se nedenfor (s. 95 og note 295) om Gepp i anden forbindelse.
152. Sml. redegørelsen i Storm 1892-96:I:1:420ff.
153. Se MacMahon 1979 om fonetikeren James Lecky (1855-90).
154. Sweet til Storm 7/4 1889. Nationalbiblioteket, Oslo. Ms. 8° 2402 J/vi.
155. Eksemplerne er fra Stannard Allen 1954:30.
156. Sweet til Storm 8/4 1892. Nationalbiblioteket, Oslo. Ms. 8° 2402 J/vi. Se MacMahon 1994:103.
157. Se nærmere herom i MacMahon 1994:104.
158. Citeret fra MacMahon 1994:104.
159. Sweet til Storm 8/4 1892. Nationalbiblioteket, Oslo. Ms. 8° 2402 J/vi.
160. Jf. f. eks. Storm 1879:46-48; 248-251; Storm 1892-96:I:1:144ff.; 175ff.; 203-205.
161. Storm 1892-96:I:1:447.
162. MacMahon 1994:104.
163. Lloyd James 1935:184f. – Ved udbruddet af 2. verdenskrig blev betydningen af rytmen i engelsk igen aktualiseret af Lloyd James, der i 1940 i sit virke som specialkonsulent for Royal Air Force betonede rytmens afgørende rolle for den sikre forståelse af transmitteret talesprog (Lloyd James 1940). En omfattende diskussion kom langt senere i gang i forbindelse med BBC-nyhedsoplæseren Alvar Lidells beklagelser over bl.a. forekomster af urytmisk tale i radio og TV (Lidell 1979; jf. tillige Burchfield 1981). Se i øvrigt Juul, Nielsen & Sørensen (*eds.*) 1988 om den sproglige udvikling i BBC, herunder en ret speciel side af skoleradioundervisningen, hvor det (med lidet held) forsøgtes at give anvendt fonetik en rolle der så vidt vides var ukendt på kontinentet, nemlig som middel til at lære børnene et standardsprog (i tillæg til det sprog de brugte i dagligdagen), idet tanken var at de hermed kunne sikres bedre muligheder for at komme frem i verden. Som det optimistisk erklæredes i London-avisen *Morning Post* 1. 3. 1932: »Elementary school-children to-day no longer say 'London Cahnty Cahncil'« (Leitner 1989:33).
164. Roach 1983:104.
165. Brown 1977:43.
166. Brown 1977:44.
167. Crystal 1981b:98.
168. Se Collins & Mees 1999:235f.
169. Nielsen 1992a:217.
170. Nielsen 1992a:217.
171. Wolff 1779:3. Wolff er kort behandlet i Kabell & Lauridsen 1992:152ff. og i Nielsen 1976:I:63. Det kan tilføjes at det også var en nordmand, Friderik Bolling (ca. 1640-1685), der i Danmark udgav det første værk om engelsk overhovedet, en grammatik og udtalebeskrivelse, som var suppleret med en

engelsk-dansk ordbog, der også blev udgivet separat (Bolling 1678a og 1678b). Se bl.a. Kabell & Lauridsen 1987, 1988, 1989a, 1989b, 1989c, 1990.

172. Nielsen 1992a:218.
173. Storm 1879:79.
174. Storm 1879:86.
175. Storm 1879:89f.
176. Storm 1879:93.
177. Nielsen 1992a:221.
178. Storm 1879:91.
179. Nielsen 1992a:218.
180. Nielsen 1992a:219.
181. Se herom Nielsen 1992a:222.
182. Axelsen 1995:69.
183. Se Storm 1879:56 om Larsen 1860.
184. Jf. Nielsen 1992a:222; Axelsen 1995:72.
185. Storm 1892-96:I:2:525.
186. Nielsen 1992a:222.
187. Storm 1892-96:I:2:525.
188. Axelsen 1995:80.
189. Axelsen 1995:81.
190. Axelsen 1995:84.
191. Axelsen 1995:72f.
192. Axelsen 1995:70.
193. En bibliografisk oversigt, hvorfra jeg har hentet en række detaljer i mine henvisninger, findes også i Axelsen 1993:85-87.
194. Jf. Magnussen *et al.* 1919.
195. Se Axelsen 1995:98.
196. Brynildsen 1902-07:xi.
197. Jespersen 1938:98. – Jf. Jespersen 1902:xii: »jeg [har] villet give en mere virkelighedstro udtalebetegnelse, der viste de vokal- og konsonantsvækkelser, der faktisk findes i alle, selv de mest dannede englænderes naturlige udtale. Vanskeligheden bestod så kun i at afgrænse de tilfælde, hvor svækkelserne naturligt indtræder, idet der er en hel del tilfælde, hvor man ved siden af den svækkede udtale kan høre den fulde vokalklang mer eller mindre rent«. – Se i øvrigt Nielsen 2000a om Jespersen som leksikograf og Juul & Nielsen 1992:98 om Jespersens bemærkninger i sin selvbiografi vedrørende sit arbejde med udtalebetegnelsen i Brynildsen 1902-07.
198. Murray (*ed.*) 1888. – Se især Storm 1892-96:I:1:455-461; se også MacMahon 1985 om lydskriften i Oxfordordbogen.
199. Storm 1879:235.
200. Storm 1892-96:I:2:995-1010.
201. Storm 1879:243.

202. 1611-versionen har til sammenligning: »When I was a child, I spake as a child, I understood as a child, I thought as a child: but when I became a man, I put away childish things. For now we see through a glass darkly.«

203. MacDonald 1961.

204. Crystal 1977:204. – Jf. tillige Crystal 1964, 1966, 1981a og 1981b.

205. Kun da et af de syv børn han havde (jf. Storm til Thomsen 17/4 1894) er død, nemlig sønnen Gunnar, får vi i hans svar på Thomsens deltagende brev et glimt:

»Det glædede mig saa at se dine Ord om at søge Trøsten der, hvor den er at finde. Ja, vi prøver nok, min Louise er saa from og gudhengiven, men Slaget har rammet hende haardt, Gunnar var hendes Hjerte nær. Jeg prøver ogsaa saa godt jeg kan. Jeg har aldrig været vantro, men vel lunken, kjødelig, optaget af mine Studier. Nu skal det med Guds Hjælp blive anderledes.« (Storm til Thomsen 11/7 1898. KB, NKS 4291-4°). Jf. tillige brev af 30/12 1920 fra Louise Storm til Thomsen (KB, NKS 4291 I-4°) efter hendes mands død (***Ill. 23***).

206. Hambro 1937:75.

207. »Jeg, som nu gaar i mit 65de Aar, kan ikke klage paa Helbreden. Det som mest generer mig, er at skrive Breve, fordi jeg da gjerne vil skrive hurtig, og da kan jeg ikke saa godt styre Haanden. Med mine Manuskripter kan jeg give mig bedre Tid, og da gaar det bedre.« (Storm til Thomsen 20/12 1900. KB, NKS 4291-4°)

208. Jf. Amundsen 1961a:3 om komiteens sammensætning. – Ved Universitetsbiblioteket i Bergen inkluderer fortegnelsen over »Manuskr. No. 738-744, [...] [der] medfulgte kjøpet af Storms boksamling, som blev indkjøpt til Berg. Mus. Bibliotek i 1921«, en række manuskripter (mss. 744 a-j) fra Storms arbejde i komiteen.

209. Storm 1879:vi. Som et kuriosum kan det bemærkes at nok kunne man på Københavns Universitet tidligere finde enkelte professorer der ikke afviste at lade sig tiltale i 3. person, men der var eet sted der kunne betegnes som en oase, et sted hvor studerende og lærere mødtes på lige fod, nemlig Lingvistkredsen. En rapport om årene 1931-51 i kredsen konstaterer en »égalité démocratique poussée jusqu'à l'extrême« og fortsætter: »Pour illustrer cet esprit démocratique, il y aurait lieu peut-être d'ajouter un détail qui est caractéristique, et qui semble quelquefois frapper les visiteurs: dans les pourparlers du Cercle, qui souvent ont lieu entre professeurs et étudiants, il n'y a ni maîtres ni disciples, il n'y a que confrères, et on parle de tous les membres et s'adresse à eux en disant simplement leur nom, sans aucune qualification de titre. On ne dit même pas Monsieur!« (*Rapport sur l'activité du Cercle linguistique de Copenhague 1931-1951*:12).

210. Jespersen 1921:20.

211. Sandved 1998:107ff.

212. Sweet til Storm 2/3 1885. Nationalbiblioteket, Oslo. Ms. 8° 2402 J/vi.

213. Sweet til Storm 26/9 1883. Nationalbiblioteket, Oslo. Ms. 8° 2402 J/vi. Jf. sarkasmen i Sweet 1899 [1964:261].
214. Storm 1879:vi.
215. Koch, H. 1966:82.
216. Storm 1871:6.
217. Jespersen 1938:30.
218. Jespersen 1938:46.
219. Storm til Franke 12/6 1885. KB, NKS 3739-4°. Jeg skylder Inge Kabell tak for at have gjort mig opmærksom på brevet.
220. Storm til Thomsen 22/11 1884. KB, NKS 4291-4°.
221. Jespersen til Storm 2/12 1884. Nationalbiblioteket, Oslo. Ms. 8° 2402 J/1.
222. Storm 1879:vi. – Storms tanke om den centrale betydning af dette at have »noget tilovers« genfindes i den danske uddannelsesdebat i 1990'erne: Jørn Lund, chefredaktør for Den Store Danske Encyklopædi og tidligere professor ved Danmarks Lærerhøjskole, omtaler den populære påstand at universitetslærere intet ved om pædagogik, som han finder urimelig fordi det »ikke [er] deres opgave at vide meget om pædagogik. Hvis de underviser godt, må det være tilstrækkeligt«; det er ikke, mener han, »en ekstradosis pædagogisk teori, der er brug for. Det er indlevelsesevne, og det er musikalitet, det er lysten til at formidle et stof og dele det med andre, det er lydhørhed og det overskud, der kommer af et stærkt fagligt fundament«, og endelig, hvad Lund tror at der er mest brug for, »følelsen af ansvar for de studerende« (Lund 1998:122f.).
223. Se Linder 1893:xv.
224. For Sveriges vedkommende er *Quousque Tandem* særdeles indgående belyst i Bratt 1982 og Bratt 1984. Bratt 1977 giver en grundig og interessant redegørelse for tiden op til midten af 1800-tallet.
225. Jf. Jespersen 1886.
226. Howatt 1984:170. – Man kunne spørge hvorfor dette tilfælde, modsat andre, skulle være indtrådt »suddenly«. Se i øvrigt Svanholt 1968:180ff., der behandler forskellige opfattelser af den historiske rækkevidde af en given pædagogisk teori (*in casu* Comenius'), med andre ord spørgsmålet: Var X, der præsenterede en pædagogisk teori, der dog længe forinden var fremsat af Y, original, eller var han inspireret af Y? Ikke uventet erklæres det blot at det kan være »vanskeligt [...] især for de ældre perioders vedkommende, at konstatere påvirkninger og inspirationer på det pædagogisk-didaktiske område« (Svanholt 1968:184). Hvad angår den pædagogiske verden, vil mange utvivlsomt foretrække at indskrænke sig til rent kliniske konstateringer som f. eks. Sørensens i hans redegørelse for engelskundervisningens historie i Danmark: »Det ejendommelige er nu, at går vi længere tilbage end tiden for den første engelskundervisning i Danmark, finder vi flere repræsentanter for helt moderne sprogpædagogiske tanker; men det varede længe, før disse tanker kom til at slå igennem« (Sørensen 1968:128f.; se endvidere Sørensen

1989b:34 om mulige inspirationskilder for Jespersen). – Nutidens overvældende informationsstrøm betyder at der er en del glemt viden (et muntert eksempel beskrives i Skårup 1997:73f.).

Et pudsigt tilfælde af hvad nogle vil kalde »langsomt gennemslag«, andre »glemt viden«, ses i følgende omstændighed: Når en dansk evalueringsgruppe i 1990'erne (i forbindelse med »Evaluering af udviklingsarbejder til afprøvning af en tidligere påbegyndelse af engelskundervisningen«) »konkluderede« at det »er en forudsætning, at de lærere, der underviser i tidlig engelsk, har de nødvendige sproglige forudsætninger for at bruge sproget frit som et personligt udtryksmiddel i klassen, [...]« (*Engelsk...* 1995:23), så var der tale om noget der mere end hundrede år forinden var nævnt af Storm (jf. ovenfor, s.52), der selvsagt ikke havde anstillet længere undersøgelser, men blot havde brugt sin sunde fornuft. Praksis i den danske folkeskole, selv i den sidste halvdel af det 20. århundrede, skulle ikke til fulde leve op til Storms krav (jf. f. eks. iagttagelserne i Aa. Nielsen 1968:118 om den »ikke sjældent« forekommende brug af »mindre kvalificerede lærere«).

227. Sandved 1998:148.
228. Sandved 1998:148.
229. Sandved 1998:149f.
230. *Norsk Forfatter-Lexikon.*
231. Storm 1887b:193.
232. Storm 1887b:193.
233. Storm 1887b:195.
234. Storm 1887b:193f.
235. Storm 1887b:194.
236. Storm 1887b:195.
237. Sandved 1998:158.
238. Se Skytte 1991:131, der med henvisning til betydningen af Sandfelds varierede pædagogiske baggrund og til glimrende erfaringer fra universitetets fransklærergruppe kunne ønske sig »at det var et krav til og en mulighed for alle universitetslærere« at stifte bekendtskab med gymnasieundervisning.
239. Storm 1887b:198. – Medens Storm var i gang med sin artikel, meddelte han Thomsen: »[...] Forøvrigt arbeider jeg paa et lidet Skrift om en forbedret Sprogundervisning, hvor jeg søger at træffe den rette Middelvei mellem den gamle Slendrian og de unge Reformatores (Quousque Tandems) Overdrivelser. [...] Sweet opholder sig for Tiden her, han morer sig med at gaa paa Skøiter; han og jeg er temmelig enige; han vil ikke som Quousque Tandem, afskaffe baade Grammatik og Oversættelse; men Orthografien vil han jo rigtignok have erstattet af Lydskrift.« (Storm til Thomsen 6/2 1887. KB, NKS 4291-4°) Storms skepsis over for brug af lydskrift hang givetvis også – som der mindes om i en artikel af Sandved (1994:62f.) – sammen med hans viden om et mislykket norsk forsøg (ved Nissens skole) allerede i

1850'erne med brug af Isaac Pitmans (1813-97) lydskrift (Storm 1887b: 195). Om Pitman se Collins & Mees 1999:462-465.

240. Se nærmere herom i Sandved 1998:160.
241. *Quousque Tandem Revy* 1889:17-19.
242. Jf. *Quousque Tandem Medlemsfortegnelse*.
243. Storm 1879:2.
244. Gosse 1912. – Se også Axelsen 1995:132ff. og Nielsen 1976:I:46ff. om engelskens stilling i Danmark, og se Bredsdorff 1954:273f. om en amerikansk forfatters pudsige beretning om en samtale på engelsk med H. C. Andersen i 1866.
245. Sørensen 1968:134.
246. Sørensen 1968:133.
247. Citeret i Nielsen 1976:I:64.
248. [Verner] 1903:355. – Den senere udvikling i Danmark indtil 1960'erne er beskrevet i Sørensen 1968 og Bækkeskov-Olsen 1968; jf. endvidere Juul & Nielsen 1992. Haastrup & Haastrup 1995 beskriver tillige udviklingen op til 1990'erne. Nok skulle det 20. århundrede se en styrkelse af befolkningens kendskab til og færdighed i engelsk, men så sent som i tiden efter den 2. verdenskrig, noterer Sevaldsen sig med interesse, synes niveauet lavt i den aldersgruppe som den politiske elite tilhørte: »Few of the leaders who had emerged from farmers' and workers' organisations seem to have had a working knowledge of English« (Sevaldsen 1992:13).
249. *Lærde Skolers* ...:138.
250. *Lærde Skolers* ...:136.
251. Storm 1879:vii.
252. *Lærde Skolers* ...:136.
253. *Lærde Skolers* ...:138f.
254. *Lærde Skolers* ...:142f.
255. *Lærde Skolers* ...:142.
256. Storm 1860a og Storm 1860b. – Jf. Sandved 1998:103.
257. Storm 1860a:169.
258. Storm 1874 [1875]. – Se også Storm 1884:40-56; bemærk at »Medens Tonefaldet er Sætningsmelodi, er Tonelaget Ordmelodi« (Storm 1884:42 (§10.4b)).
259. Jespersen har denne udtalelse fra Storm 1892-96:I:1:220, n. 2. Se Storms gengivelse af italiensk intonation, reproduceret i ***Ill. 21***.
260. Jespersen 1897-99:53. – Se Christophersen 1994 om Jespersens egen beherskelse af engelsk og om begrebet »tosprogethed«.
261. Storm til Thomsen 3/1 1898. KB. NKS 4291-4°.
262. Paul Edouard Passy (1859-1940), fra 1896 Directeur-adjoint ved l'École des Hautes Études i Paris, er indgående skildret i Collins & Mees 1999 og optræder flere gange i Jespersen 1938.
263. Ifølge Nes 1982:13, der gengiver Paul Passys lydskrift i *Dhi fonètik tîtcer* 1886:5./8/ (fremhævelserne er Passys).

264. Jespersen 1897-99:52.
265. Se navnlig Collins & Mees 1999:472f. om fonetikeren Eduard Sievers (1850-1932) i en tysk sammenhæng.
266. Sweet til Storm 3/7 1884. Nationalbiblioteket, Oslo. Ms. 8° 2402 J/vi.
267. Citeret efter Sandved (1998:346) fra *The Academy*, no. 388 (1879).
268. Et godt eksempel på en hårfin analyse af samtalesproget er Crystal & Davy 1975, som ledsages af båndoptagelser.
269. Sweet 1877:98.
270. Hambro 1950:127f.
271. Langholm 1999:42.
272. Nielsen 1999:83f.
273. Sml. kapitlet »Bringing the Students to Life« i Friedman 2000:29-31.
274. I kapitlet »Letting the Non-Academic Personnel Speak« i Friedman 2000:32-34.
275. Storm 1879:1f.
276. Citeret efter Sandved 1998:89.
277. Se Sandved 1998:90-94.
278. Hoel 1921:29.
279. Hambro 1950:18. I en note sammesteds tilføjer Hambro: »At dette inntrykk ikke var noget enestående (Studenten med sin store og gjestfrie slekt var jo i en særlig heldig stilling) finder man bekreftet i studenterboken for 1902, hvor en annen filolog fra det samme år, senere bestyrer av den offentlige skole på Kongsberg, H. F. *Bang* skriver:

   'Fra min studietid har jeg i grunnen ikke så mange lyse minner. Jeg kom aldri til å føle mig hjemme hverken i Kristiania eller ved universitetet.' Og han var bare fra Drammen!«
280. Hambro 1950:20.
281. Storm til Thomsen 7/5 1883. KB, NKS 4291-4°.
282. Hambro 1950:20.
283. Falk 1921:111f.
284. Storm til Thomsen 8/7 1873. KB, NKS. 4291-4°.
285. Storm til Thomsen 26/1 1878. KB, NKS 4291-4°
286. Western 1920:152. – Storms evner som oplæser strejfes også i et værk om Det norske Studentersamfund 1813-1913, hvor der i forbindelse med en omtale af 1880'erne siges at »Johan Storm [kunne] fryde studenterne ved at læse Rabelais« (Wallem 1916:2:818). Herudover nævnes Storm kun som en af deltagerne i en diskussion om målsagen i foråret 1885 (Wallem 1916:2:827).
287. Western 1920:152f.
288. Var 184:688.
289. Var 1894:686f.
290. Var 1894:689.
291. Var 1894:687.
292. Var 1894:687f.

293. Var 1894:688.
294. Var 1894:690.
295. Storm 1895:20. – Jf. Storms bemærkning sammesteds: »Saaledes blev Englænderen *Hubert M. Gepp*, en i Kristiania dengang bosat, udmærket dygtig Lærer med akademisk Dannelse, som jeg havde haabet at faa knyttet til vort Universitet, ansat som Lektor ved Upsala Universitet, hvor han blev meget skattet som Lærer, indtil et Ulykkestilfælde rev ham bort.« Bratt 1984:44ff. beskriver indgående indførelsen af indfødte lærere ved universitetet i Uppsala, og man mærker sig her at Hubert Majendie Gepp (1857-1892), BA, efter sin ansættelse i 1889 bl.a. udmærkede sig ved i det akademiske studium at indføre en fortræffelig syssel der, som min læser vil erindre (jf. s. 53), var blevet anbefalet af Storm ti år tidligere i hans *Engelsk Filologi,* nemlig avislæsning. – Uppsala-ordningen var i øvrigt tre år tidligere beskrevet indgående af Erdmann, der fremhævede de indfødte læreres undervisning som et af »de vigtigaste jälpmedel för germanisten« (Erdmann 1891:42).
296. Storm 1895:19.
297. Storm 1879:6.
298. Storm 1879:7.
299. Storm 1879:viii. – Man bemærker Storms opfattelse: at der må stilles krav til den indfødte lærer:

»Blotte Øvelser kan, naar de ikke ledes af en Indfødt, neppe føre til synderlig Færdighed. Hos Udlændingerne savner man paa den anden Side almindelig et dyberegaaende Kjendskab til vort Sprog; de kan sjelden oplyse os om, hvad vi netop har Brug for, Gjengivelsen af vort Sprogs Eiendommeligheder. Dernæst kan de som oftest ikke forklare sit Sprogs Vanskeligheder; de kan nok oplyse os om, at dette eller hint Udtryk ikke er engelsk eller fransk, men maa hede saa og saa; men naar vi spørge: hvorfor? saa staa de fast, og affærdige os med en eller anden Frase om, at det er »for Vellydens Skyld«, »en af Sprogets Eiendommeligheder« o. lign. De fleste indfødte Lærere mangle filologisk Uddannelse.

Men ogsaa rent praktiske, og navnlig indfødte Lærere er nødvendige. Det praktiske Kjendskab er den første Betingelse for det filologiske Studium. Men det er ikke muligt for Videnskabsmanden især i flere Sprog fuldstændig at beherske det praktiske. – Desuden har Sproget især i det fraseologiske sine Vilkaarligheder, som ingen filologisk Lærdom kan bestemme eller forklare, men hvor det kun gjælder at være sikker i Sprogbrugen. Videnskabsmanden kan bedre forklare Sprogets Eiendommeligheder, f. Ex. de eiendommelige Lyds Dannelse, men den Indfødte hører af Naturen lettere, om Udtrykket er idiomatisk, eller om Lyden er rigtig udtalt. Men ogsaa den indfødte praktiske Lærer behøver en vis filologisk Kundskab, for at han skal faa det rette Syn paa Fænomenerne.« (Storm 1879:vii)

Se Christophersen 1975:58f. om senere synspunkter vedr. ordningen med »native lektors« i engelskafdelingen ved Universitetet i Oslo.

300. Jf. ovenfor s. 52.
301. Storm 1879:vii (jf. Storm 1879:5).
302. Storm 1879:viii.
303. Olsen 1911:379.
304. Sandved 1998:89.
305. Nielsen 1999:82. – Jf. tillige Nielsen 1979:287f. og Nielsen 2000c:131f.
306. *Lærde Skolers* ...:137.
307. *Lærde Skolers* ...:136f.
308. Storm 1879:10.
309. *Lærde Skolers* ...:142.
310. Jespersen 1914:131.
311. Forholdene bringer tanken hen på en diskussion af tidligere og nuværende studieforhold i Danmark. »Det hedder sig at man kan lære at svømme ved at blive smidt ud fra tremetervippen«, skriver Jørn Lund i sin kritik af professor, dr. theol. Johannes Sløks (f. 1916) beretning om sin studietid i Danmark i slutningen af 1930erne, hvor man med Sløks ord »selv måtte finde ud af hvad det vil sige at studere« (Sløk 1994); og, som Lund fortsætter, »selvfølgelig er det festligt bagefter at tænke på de barske vilkår, når man hører til dem, der overlevede. Det er let på grundlag af en vellykket akademisk karriere at affærdige senere forsøg på at skabe mere menneskelige forhold«. Men dette »at de stærkeste klarede sig, behøver ikke betyde, at det var de rigtige, der kom igennem« (Lund 1998:115).
312. Sandved 1998:121-125.
313. Lundeby 1983:67.
314. Lundeby 1983:69.
315. Schou-Rode 1995:308.
316. Jespersen 1938:37.
317. Western 1890:61. – Om skolens bemærkelsesværdige resultater fortæller også Bratt (1984:179f.): »1897 fick Palmgrens skola besök av en framstående tysk språkpedagog, Max Walter från Frankfurt am Main. [...] Utan nämnvärda kunskaper i svenska anställde Walter prov i tyska, engelska och franska i flera klasser och kunde utan hinder samtala med de äldre eleverna på dessa tre språk, inte bara om alldagliga ting utan också om litteratur som de läst. Han var imponerad. Imponerande är det också att läsa att elever från samskolan utan några som helst hjälpmedel klarade de examensskrivningar till vilka de allmänna läroverkens elever fick medföra lexikon och fram till 1895 också grammatik. När de hade vanliga skolskrivningar i språk, skulle de jämte det sedvanliga översättningsprovet författa en uppsats över ett valfritt ämne.«
318. Jf. Tellefsen 1887:28.
319. Jf. herom Sivertsen 1973:272 og 281.
320. Se Ekrheim & Ekrheim 1933:523. Se Husby 1966:150ff. om Torkildsens tid i Kristiansund.
321. Storm 1892-96:I:1:208 (jf. også hans bemærkning 214 n. 1).

322. Storm 1892-96:1:351. – Allerede i 1879 er Storm opmærksom på opfindelsen, men refererer britiske fonetikeres reservationer med hensyn til gengivelsen af visse lyd (»In reproducing *s, o, e,* it specially failed«) (1879:51f.).
323. Lyd- og billedarkivet ved Nationalbiblioteket i Mo i Rana har meddelt at intet relevant findes.
324. Jespersen 1913 og 1941 foreligger udgivet. Hvad angår Vilhelm Thomsen, findes tilsyneladende kun en meget kort lydoptagelse (Thomsen 1913).
325. Jespersen 1938:69.
326. Jf. Jespersen 1938:91.
327. Jespersen 1913.
328. *Højere* ... 1907:4f.
329. *Højere* ... 1907:15.
330. Schou-Rode 1995.
331. Jf. Jespersen 1938:219. En redegørelse for Jones' videnskabelige indstilling og baggrunden herfor er givet i Collins & Mees 1999:426ff.
332. Sivertsen 1968:197, citeret efter Collins & Mees 1999:422.
333. Den seneste udgivelse af Jones' stemme er hans radioforedrag i BBC om udviklinger i det engelske sprog gennem tiden (Juul & Nielsen (*eds.*) 1985). Se i øvrigt diskografien i Collins & Mees 1999:527f.
334. Sandved 1998:259.
335. Jones 1917:ix (som nævnt i Collins & Mees 2001:68, der tilføjer at Jones ved udtrykket forstod »an objective observer of pronunciation who had no intention of correcting the speech habits of English native speakers, or of attempting to apply aesthetic judgments in any form to language.«).
336. Især på grund af deres beskrivelse af de ubetonede stavelser må bøgerne, der udkom kun 2-3 år før Storms død (Jones 1917/1918), i lighed med Jespersens udtaleangivelser i Brynildsen 1902-07 (jf. ovenfor s. 70) kunne have glædet Storm, der imidlertid var svækket og træt.
337. Storm 1892-96:I:207, fodnote 1.
338. Fry 1961:154.
339. Fry 1961:155.
340. Collins & Mees 1999:392 beretter om en situation i 1939-40: »On one of his rare trips to Wales, Jones was busily checking his phonetic transcriptions for the examinations, noting snatches of the Welsh conversation in the carriage, and practising 'nonsense words' to himself. He was quite unaware that some perceptive passengers had been distressed by the strange activities of an elderly gentleman who was not only apparently muttering odd noises in a strange language which was neither English nor Welsh, but also writing down peculiar symbols in his notebook. On his arrival at his destination, Jones was alarmed to find the local constabulary waiting to arrest him on suspicion of being a spy. Once at the police station, his credentials were rapidly established and Jones took things in good part. He told the story to family and colleagues for years afterwards.«

341. Om disse sprog har Storm nogle få sider (1892-96:I:1:210-214); se også Storm 1893.
342. Collins & Mees 1999:463.
343. Collins & Mees 1999:4.
344. Jespersen 1897-99:54.
345. Jf. Storm 1879:237; sml. Storm 1892-96:I:2:997.
346. Storm til Thomsen 3/1 1898. KB, NKS 4291-4°. – Den omtalte Ellis er fonetikeren Alexander Ellis (1814-90). Jf. Jespersen 1897-99:49f. om Ellis 1869-89; se tillige den korte beskrivelse af Ellis i Collins & Mees 1999:462-466.
347. Jespersen 1920.
348. Jespersen 1938:215.
349. Jespersen 1938:214.
350. Jespersen 1938:220f.
351. Jespersen 1938:216. – Måske har rigdommen af eksempler, eller blot et øjebliks munter opfindsomhed, været Jespersen til hjælp da han en dag i 1930'erne var i knibe efter en samtale med australieren Ian Maxwell, dengang en særdeles populær lektor i engelsk ved Københavns Universitet. Som Paul Christophersen beretter: »Maxwell [...] visited Otto Jespersen at Elsinore and, as one might expect, discussed grammar with him, including the question of whether one may end a sentence with two prepositions, which Maxwell rather doubted. The next morning, so Maxwell told NN, he received an open postcard from Jespersen saying, 'What about girls with nothing to speak of on?'« (citeret i Kabell & Lauridsen 1997:95).
352. Jespersen 1938:214.
353. Se også Linn [under trykning].
354. Hambro 1937:75. – Den aldrende Storm skrev således til Jespersen i 1893, da Jespersen blev professor: »De er lykkelig som har blot ét Hovedfag, hvori De kan fordybe af [sic] Dem af Hjertens Lyst, og tage andre Sprog med blot saavidt De føle Lyst dertil. Jeg har desuden alle de romanske Sprog at varetage, og det er for meget, skjønt Lysten ikke mangler. [...]« (30/5 1893. KB, NKS 3975-4°). Hvor tyngende det end var, ønskede Storm imidlertid at beholde ansvaret for både anglistik og romanistik. Fagområderne blev først delt da Storm trak sig tilbage i 1912 (jf. Sandved 1998:224).
355. Western 1920:150. Jf. Storm 1884 og 1908, og se Nes 1982 om Storms lydskriftsystem.
356. Christen Collin: sproglig-historisk lærereksamen 1887, 1895 docent og 1914 ekstraordinær professor i europæisk litteraturhistorie. Se især Sandved 1998: 80-86; 125-143.
357. Collin (*Verdens Gang*, 24 november 1906) citeret i Olsen 1911:373f.
358. Kvinder fik adgang til at tage examen artium og andeneksamen ved lov af 15/6 1882 og adgang til de andre universitetseksaminer og akademiske grader ved lov af 14/6 1884. I 1882 tog den første kvinde examen artium.

359. Jahr 1999:6. Se også Jahr 2001, der giver supplerende litteraturhenvisninger.
360. Lund 1998:122f.
361. Storm 1886a. – Linn beskriver hvordan Storm fik hvervet og bemærker om Storms artikel bl.a. at den viser »his colourful, popular style« og domineres af fonetiske redegørelser (Linn [under trykning]). Storm meddelte Thomsen at han »letsindig« havde påtaget sig arbejdet og tilføjede: »Jeg angrer paa det, da det tager en uforholdsmæssig Tid, men det interesserer mig dog ogsaa meget.» (Storm til Thomsen 22/11 1884 (sml. 2/10 og 25/10 1885) KB, NKS 4291-4°).
362. Denne tanke observerer Linn [under trykning] tillige i forordet til Storms *Franske Taleøvelser* (Storm 1897:v).
363. Storm til Thomsen 27/12 1898. KB, NKS 4291-4°.
364. Storm 1911b/1914/1919.
365. Storm 1911b:v.
366. Sandfeld Jensen 1911:168. Se også anmeldelsen af Storm 1897 i Sandfeld Jensen 1898-99. – Se i øvrigt Linns omtale af Storm 1911b/1914/1919 – »the crowning achievement of his career«, som, delvis fordi de var skrevet på norsk, ikke fik den internationale opmærksomhed de fortjente (Linn [under trykning]).
367. Fra perioden efter århundredskiftet nævner Didrik Arup Seip i *Norsk Biografisk Leksikon*, der gør en del ud af Storms norske studier, Storm 1903 om »landsmål« og »rigsmål«, hans arbejder med norsk retskrivning (Storm 1904 og 1906a) og hans udnyttelse af sine dialektstudier (Storm 1911a) (jf. Seip 1966:81f.). Se i øvrigt Nes 1982 om Storms arbejde med sit norske lydskriftsystem (jf. Storm 1884 og 1908).
368. Western 1920:151.
369. Jf. Collins & Mees 1995 og Collins & Mees 1999:152f., 216.
370. Rischel 1989:53. I forlængelse heraf gør Rischel imidlertid opmærksom på Jespersens notater fra opførelser på Det Kgl. Teater i København i 1895-97, der er levende beskrevet i en artikel (Lund 1974).
371. Sunesen 1999.
372. Storm 1871:5.
373. Jf. Christophersen 1999:83.
374. Efter at Paul Christophersen havde samarbejdet med Jespersen om bind VI af dennes hovedværk, *A Modern English Grammar*, fulgte hans ypperlige disputats om artikelsystemet i engelsk (Christophersen 1939). Under et ophold i England blev han ved den tyske besættelse af Danmark den 9. april 1940 forhindret i at vende tilbage til det docentur ved Københavns Universitet som han var indstillet til (jf. Kabell & Lauridsen 1995:160f.). I Cambridge erhvervede han nu en anden doktorgrad, denne gang om et litterært emne, og arbejdede derefter i London ved BBC og The Royal Institute of International Affairs, Chatham House. Efter krigen tiltrådte han – efter kaldelse – et professorat i engelsk sprog og litteratur ved Københavns Uni-

versitet, som han havde fra 1946 til 1948. Herefter (se Christophersen 1948) fulgte en række professorater vidt omkring i udlandet, senest (1977-81) i Doha, Qatar. Tilsidst bosatte han sig permanent i Cambridge, hvor han døde i 1999, 88 år gammel. Christophersens optagethed af begreberne »flersprogethed« (»second language«, »foreign language«) og »the native speaker« var livslang og gennemsyrer en meget stor del af hans produktion efter 1945 (se f. eks. Christophersen 1949; 1973; 1975; 1994; 1999). Han beskrev selv (Paikeday 1985:70) hvorledes han første gang han satte foden på engelsk jord (han var da midt i tyverne) »was most often taken for English«, omend »Danish was still my primary medium«. Men, tilføjede han, dette sidste forhold ændrede sig under krigen. Sin beherskelse af dansk bevarede han dog, både i tale (naturligt nok med udtalens 1930'er-præg) og i skrift. Hvad angår begreberne »flersprogethed« og »the native speaker«, anså han Davies & Bentahila 1988, der tager udgangspunkt i komplicerede sprogforhold i Marokko, for noget af det bedste der er skrevet om emnerne og kunne, som han engang bemærkede til mig, ønske at artiklen var obligatorisk læsning for sprogstuderende.

Se nekrologerne i Nielsen 2000b og [Anonym] 2000. Hvad angår hans tid i Norge (fremmedsprogstilegnelse var også, som vi har set ovenfor (s. 53f.), emnet for hans tiltrædelsesforelæsning i Oslo (Christophersen 1957)), se endvidere Amundsen 1961b:452 og Sandved 2000a (nekrolog). Han findes på lyd- og videooptagelser (Christophersen 1989b).

375. Christophersen 1999:101f. – Også Sweet (1899:78-80) var inde på sider af empatien.
376. Sådan var det ikke alle steder i Europa. Van Els fastslår om perioden omkring 1900 at »it is clear now that at that time Dutch universities played no part of any significance in the debate concerning flt [foreign language teaching] methodology« (van Els 1992:44), bl.a. fordi »The new chairs for foreign languages at Dutch universities were primarily seen as instrumental towards the improvement of scholarly work in the respective language and literature of the modern languages« (van Els 1992:39).
377. Jacobsen 1990:24.
378. Storm 1871:123.
379. Sandved 1998:101ff.
380. Jespersen 1938:220.
381. Jf. herom Jespersen 1938:225ff.
382. Jf. herom Jespersen 1938:126ff. og 190ff. – Se i øvrigt Larsen 1989.
383. Sandved 1998:69f.
384. Hambro 1937:75.
385. Atherton 1998:40-43.
386. Jespersen 1938:205f. – Jf. Ichikawa 1937:258-261.

Personregister

– *Tallene er sidetal.*
– *Henvisninger af typen »n. 23« gælder notenummer.*
– *Henvisninger med kursiv gælder illustrationer.*

Abrahams, N. C. L. 82.
Amundsen, L. n. 208, n. 374.
Andersen, H. C. n. 244.
[Anonym] n. 374.
Aranjo, F. n. 42.
Asher, R. E. n. 101.
Atherton, M. n. 385.
Axelsen, J. 67f., n. 184, n. 193, n. 195, n. 244.
Bach, J. S. 109.
Bacon, F. 23.
Bang, H. F. n. 279.
Bengtsson, C. *69*.
Bennett, T. 116.
Bentahila, A. n. 374.
Bjørnson, B. n. 50.
Bodelsen, C. A. n. 57.
Bohr, N. 114.
Bolling, F. n. 171.
Bonge, S. n. 45.
Bratt, I. n. 224, n. 317.
Bredsdorff, E. n. 32, n. 244.
Bridges, R. n. 149.
Brown, G. n. 165, n. 166.
Brynildsen, J. 70, 81, n. 336.
Bugge, E. S. n. 3, n. 4.
Burchfield, R. n. 163.
Bækkeskov-Olsen, P. n. 248.
Campillo (Dr.) n. 42.
Christophersen, P. 32, *55*, 56f., 118f., n. 36, n. 140, n. 260, n. 299, n. 351, n. 374.
Coleridge, S. T. n. 75.
Collin, C. 115.
Collins, B. 106, 108f., n. 87, n. 109, n. 142, n. 149, n. 168, n. 239, n. 262, n. 265, n. 331, n. 332, n. 333, n. 335, n. 340, n. 369.
Crystal, D. 59, 71, n. 167, n. 204, n. 268.
Dahlerup, V. n. 100.
Davies, E. n. 374.
Davy, D. 59, n. 268.
Dickens, C. 52, n. 118.
Ehrs, B. 69.
Ekrheim, H. S. n. 320.
Ekrheim, O. n. 320.
Ellis, A. 112.
Erdmann, A. n. 295.
Ewald, J. 23.
Falk, H. 93f., n. 118.
Ferrall, J. S. 67f.
Fischer-Jørgensen, E. n. 58.
Forbech, L. *15*, n. 45.
France, A. 37.
Franke, F. 42, 77, 118.
Frellsen, M. n. 45.
Friedman, R. M. 91.
Fry, D. B. 108.
Geelmuyden, I. 67.

Gepp, H. M. 61f., n. 295.
Gilead n. 136.
Gimson, A. C. n. 109.
Gleditsch, M. *14*, n. 45.
Goodwin, H. B. *69*.
Gosse, E. 21, *22*, 82.
Grieg, H. n. 50.
Grøn, F. n. 74.
Gundem, B. B. n. 133.
Haislund, N. n. 100.
Halperin, J. 38f.
Hambro, C. J. 21, 74, 92, 93, 114, 120, n. 28, n. 80, n. 279.
Hammerich, L. L. n. 107.
Hearn (Mr) 61f.
Hegel, F. V. 29, 68, n. 50, n. 51, n. 79.
Henderson, E. J. A. n. 101.
Hjelmslev, L. n. 36,
Hoel, S. n. 278.
Holst, C. 115f.
Hoser, H. P. n. 29.
Howatt, A. P. R. 19, n. 102.
Husby, E. n. 320.
Høybye, P. n. 139.
Haastrup, K. n. 133, n. 248.
Haastrup, N. n. 133, n. 248.
Ibsen, H. n. 50.
Ichikawa, S. 121.
Jacobsen, E. n. 377.
Jahr, E. H. 115f., n. 359.
Jensen, K. Sandfeld – *se*: Sandfeld, K.
Jespersen, O. 19, 23, 24, 29ff., 32, 34, 37f., 40, 42, 45, 46, *47*, 50, *69*, 70, 75ff., 79, 82, 84f., 87f., 97f., 100, 103f., 106, 111ff., 118, 119, 121, n. 57, n. 115, n. 225, n. 262, n. 336, n. 346, n. 354, n. 374.
Jones, D. *105*, 106, 108f., 117f., n. 109, n. 149, n. 331.
Juul, A. n. 163, n. 197, n. 333.
Jürgensen, B. n. 140.
Kabell, I. n. 57, n. 62, n. 93, n. 171, n. 351, n. 374.
Kielland, A. n. 50.
Koch, H. 76.
Langholm, S. N. 2.
Larsen, A. 66ff.
Larsen, F. n. 382.
Lauridsen, H. n. 57, n. 93, n. 171, n. 351, n. 374.
Lecky, J. 62.
Leitner, G. n. 149, n. 163.
Lidell, A. n. 163.
Lie, J. n. 50.
Linder, N. n. 223.
Lindhardt, P. G. 24, 36, 39, n. 77.
Linn, A. R. n. 39, n. 73, n. 353, n. 361, n. 362, n. 366.
Lloyd James, A. 64, n. 163.
Lund, J. 116, n. 222, n. 311, n. 370.
Lundeby, E. 98f.
Lundell, J. A. 79.
MacDonald, D. n. 203.
MacMahon, M. K. C. 64, n. 87, n. 90, n. 104, n. 135, n. 147, n. 153, n. 156, n. 158, n. 198.
Magnussen, J. 68, 70.
Martini, F. n. 45.
Maxwell, I. n. 351.
Mees, I. M. 106, 108f., n. 87, n. 109, n. 142, n. 149, n. 168, n. 239, n. 262, n. 265, n. 331, n. 332, n. 333, n. 335, n. 340, n. 369.
Miège, G. n. 102.
Mill, J. S. 37.
Mozart, W. A. 108.
Murray, J. A. H. n. 198.
Nes, O. n. 263, n. 355, n. 367
Nickel, G. n. 141.
Nielsen, H. F. n. 115, n. 163, n. 197, n. 333.
Nielsen, J. E. 65, 66, 67, 97, n. 184, n. 197, n. 244, n. 247, n. 305, n. 374.
Nielsen, Aa. n. 226.
Nordhjem, B. n. 140.
Nørr, E. N. n. 133.

Olsen, M. 115.
Paikeday, T. M. n. 374.
Paludan, J. 23, 36f., n. 39.
Paris, G. 16f.
Passy, P. 88.
Petersen, P. 80.
Pitman, I. n. 239.
Quirk, R. 46, 48.
Rabelais, F. n. 286.
Repp, T. G. 68.
Riesman, D. 37.
Rischel, J. 118.
Roach, P. n. 164.
Rosing, S. 65ff.
Rørvik, T.-I. n. 27.
Salling, Aa. 53, *54*, 57, n. 133.
Sandfeld, K. 19, 117, n. 238, n. 366.
Sandved, A. O. 13, 19, 23, 29, 51, 57, 75, 79, 80, 91, 98, 120, n. 2, n. 27, n. 112, n. 239, n. 240, n. 276, n. 277, n. 334, n. 354, n. 356, n. 374.
Schibsbye, K. n. 57.
Schou-Rode, G. 106, n. 95
Seip, D. A. n. 367.
Sevaldsen, J. n. 133, n. 248.
Shaw, G. B. 58, 106.
Sievers, E. 88.
Sivertsen, E. 106.
Sivertsen, J. n. 319.
Skovgaard-Petersen, V. n. 25.
Skytte, G. 19, n. 22, n. 238.
Skårup, P. n. 226.
Sløk, J. n. 311.
Smith, S. n. 100.
Soames, L. 42, 63.
Sollem, G. L. *99*.
Spang-Hanssen, E. n. 139.
Spencer, H. 37.
Stannard Allen, W. n. 155.
Sten, H. 58.
Stephens, G. 97.
Stockhausen (frk.) 100.
Storm, J. F. B. *14*, *15*, *27*, *28*; rejsebeskrivelse 13ff., 40, 76; levnedsløb 20ff.; korrespondance med Thomsen 24, *25*, 26, 32ff., 39f., 59, 74, 77, 92, 94, 111f., n. 62, n. 78, n. 79, n. 205, n. 239; korrespondance med Sweet 24, 40, 42, 45f., 49, 50, 58, 59ff., 63, 75f., 79, 88; korrespondance med Jespersen 29ff., 46, 48, 77, 79, n. 354; personligheden bag brevene til V. Thomsen 36ff.; inspirator for Sweet 45; inspirator for Jespersen 45f.; betydningen af at have »fremmede Iagttagere« 48; Storms hovedværk i engelsk 49ff.; »vulgærsproget« 52; rejsestipendier for studerende 52; studerendes omgang med »dannede Udlændinge« 53; universitetets formål 53, 96, 120; vigtigheden af læsning 53f.; oversættelse 56f.; fri komposition 56f.; intonation 57ff., 87, 106, *107*, 108f.; øre for nydannelser i engelsk 59f.; hans veje til viden om engelsk sprog 60; krav til udtale 58f.; ubetonede stavelser 60ff.; kritik af Sweet 60ff., n. 91; som sproghistorisk kilde 59f., n. 109, n. 147; isokroni i engelsk 63f.; ordbøger 65ff.; bibelsproget 70ff., *73*, 117; rysten på hånden *72*, 74; universitetspædagogiske tanker 75ff.; foregriber af reformbevægelsen 79ff.; brug af lydskrift i skolen 80f.; hans sprogbeherskelse 87ff., 106f.; hans clever 91ff.; eksamenskrav 91; studievejleder 91, 93, 116; anstrengt økonomi 92f.; forelæser 93f.; arbejde med forelæsninger 94; trang til forfattervirksomhed 94; indfødte universitetslærere 95f.; fonografen 103ff.; intonationen i fransk, italiensk og spansk *107*; systematiker 111ff.; arbejde med romansk 116f.;

krav til læreren i fremmedsprog 52, 117, n. 226; empati for den fremmede kultur 118; arbejde med norsk 21, 118, n. 80, n. 355; kommentarer til Sweets håndbog i fonetik 121f.
Storm, G. n. 205.
Storm, L. *123ff.*, n. 205.
Storm, Aa. 24, 26.
Sunesen, B. 37, 118.
Svanholt, O. n. 226.
Sweet, H. 24, 40, *41*, 42, *43*, 45f., 49, 50, 58, 59ff., 63, 75f., 79, 81, 87, 88f., 111, 118, 121, n. 40, n. 87, n. 109, n. 145, n. 147, n. 239, n. 375.
Sørensen, K. n. 118, n. 163, n. 226, n. 248.
Tellefsen, J. C. n. 318.
Thomsen, V. 24, *25*, 26, 32ff., 39f., 46, 51f., 74, 77, 81, 92, 94, 111f., 114, *123ff.*, n. 40, n. 205, n. 324.
Thurgood, S. 96f.
Torkildsen, H. E. 101f.
Trier, G. 82f., 97.
Tuxen, J. K. n. 133.
Tuxen, O. n. 133.
Van Els, T. M. J. n. 376.
Var, H. A. 81, 95f.
Verner, K. 82.
Viëtor, W. 79, 81.
Vigfússon, G. n. 87.
Wallem, F. B. n. 286.
Walter, M. n. 317.
Western, A. 32, 59, 63, 79, 81, 92, 94, 98, *99*, 100, 101, 114, 117, n. 118.
Wilde, O. 38.
Wolff, E. n. 171.
Wulff, F. A. 32, n. 55.
Östlind, O. *69*.